LA PHILOSOPHIE DU DEVELOPPEMENT PERSONNEL

LA PHILOSOPHIE DU DEVELOPPEMENT PERSONNEL

Devenez puissants, champions, héros, étoiles, génies

Dr. François Adja Assemien

THE REGENCY PUBLISHERS

Copyright © 2023 Dr. François Adja Assemien.

All rights reserved. No part of this book may be reproduced in any form or by any electronic or mechanical means, including information storage and retrieval systems, without permission in writing from the author and publisher, except by reviewers, who may quote brief passages in a review.

ISBN: 978-1-960113-36-8   (Paperback Edition)
ISBN: 978-1-960113-37-5   (Hardcover Edition)
ISBN: 978-1-960113-35-1   (E-book Edition)

Book Ordering Information

The Regency Publishers, US
521 5th Ave 17th floor NY, NY10175

Phone Number: (315)537-3088 ext 1007
Email: info@theregencypublishers.com
www.theregencypublishers.com

Printed in the United States of America

DU MÊME AUTEUR

Les Rebelles Africains, roman, Edilivre, 2016
Les Règles d'or du bonheur, du succès, de la santé et du salut personnel. Essai, Edilivre, 2016
Introduction à la philocure, essai, Edilivre, 2016
L'Afrique interdite, roman, Edilivre, 2016
Le Monde ne vaut rien, essai, Edilivre, 2016
La Côte d'Ivoire a mal, essai, Edilivre, 2018
Président Donald Trump et les Africains, essai, Edilivre, 2020
L'Art de vivre en Amérique, guide, Edilivre, 2019
Education morale et spirituelle, manuel, Edilivre, 2016
La Conscience Africaine, essai, Edilivre, 2016
Thomas Sankara comme Thomas More et Socrate, essai, Ouagadougou, 2020
Ahikaba, roman, Mary Bro Foundation Publishing, London, 2018
Code électoral, roman, Black Stars, 1995
Portrait du bon et du mauvais électeur, du bon et du mauvais candidat, essai, Black Stars, 2000
La Côte d'Ivoire et ses étrangers, essai, Black Stars, 2002
La Pensée politique pour sauver la Côte d'Ivoire, essai, Afro-Star, 2003
Le Guide africain de philosophie, de sciences humaines et d'humanisme, Abidjan, 1985
L'Afrocratisme, essai, Afro-Star, 2003
Corona virus, essay, Global Summit House, 2000

Let's save humanity and life, essay, Global Summit, 2021
La Philosophie de l'esprit africain, essai, L'Harmattan, 2021
La Puissance des femmes américaines, essai, GoldTouch Press, 2021
Philosophy about life, essay, Global Summit House, 2021
America is paradise, essay, Author's Note 360, 2021

SOMMAIRE

Du même auteur v
Introduction ix

1. Société, Pensée, Langage, Raison 1
2. L'homme Supérieur 5
3. La Responsabilité Prospective 9
4. La Conscience Prospective 13
5. La Nouvelle Pensée Et L'ancienne Pensée 17
6. L'homme Idéal Et L'homme Réel 21
7. L'auto-Construction Personnelle 25
8. Supériorisme Et Championisme 29
9. Le Visionnarisme Et La Démocratie 33
10. Le Valorisme 37
11. Le Volontisme 41
12. L'imaginationisme 45

Conclusion 51
Résumé du livre 55
Biographie De L'auteur 57

INTRODUCTION

Ce livre présente une matière intitulée **La Philosophie du développement personnel**. C'est une sorte de bébé dans l'histoire et dans le monde de la pensée, de la connaissance et du savoir. Généralement, et d'habitude, ce sont les psychologues et les parapsychologues qui traitent ce sujet combien intéressant, passionnant et utile. Il faut savoir que la psychologie et la parapsychologie ne sont pas loin de la philosophie. D'ailleurs, elles font partie intégrante de la philosophie qui est historiquement considérée comme la mère de toutes les sciences et de toutes les connaissances. Aristote ne définit-il pas la philosophie comme «La possesssion de la totalité du savoir dans la mesure du possible»? La philosophie est généralement conçue comme l'amour de la sagesse (la possession de la perfection morale et intellectuelle), c'est-à-dire la culture ou l'exercice de toutes les vertus. La philosophie s'occupe de toutes les questions théoriques et pratiques (connaissance et action). Son domaine s'étend à l'infini. Elle a donné naissance aux sciences des valeurs dites sciences humaines, sciences sociales ou sciences morales (psychologie, psychanalyse, morale, éthique, sociologie, axiologie, eudémonisme etc.).

Dans l'antiquité grecque, Socrate était considéré comme le père, le fondateur de la psychologie qui débouche sur la morale et la politique (Platon, **La République**). La philosophie est la théorie générale de la pensée, de l'action, du comportement humain. Elle étudie à la fois le monde (univers, nature), la société et l'homme. Socrate a dit:

«Connais-toi toi-même». Pour lui, il était très important que l'homme accorde la priorité à la connaissance de l'homme afin de pouvoir bien agir et de se donner des règles de bonne conduite (morale et politique). C'est la voie qui permet à l'homme de bien vivre, d'être heureux en tant qu'individu et en tant que société. Socrate pense que la connaissance de soi, du fonctionnement de son esprit, de son âme (psychologie) engendre la sagesse, la discipline, le bonheur, le salut. D'où la théorie de Platon, son disciple, selon laquelle les philosophes doivent gouverner, diriger la société civile afin d'éduquer, d'éclairer, de guider et d'assagir les hommes ordinaires, vulgaires, ignorants (le mythe de la caverne). Tel est l'intérêt de la philosophie à ses yeux (psychologie, morale, politique).

A travers mes ouvrages philosophiques sur le développement personnel, je donne des cours ou des recettes pratiques pour la conduite efficiente personnelle. Mon but est de frayer des voies pour la réussite, la prospérité, le bonheur, la puissance de tout un chacun. **La philosophie du développement personnel est une école qui veut former des étoiles, des génies, des héros, des sages, des champions partout.** Cela répond aux besoins, aux attentes, des hommes et des sociétés. C'est le devoir régalien et impérieux des philosophes que de chercher à améliorer la condition humaine, que de créer des moyens idoines pour une vie idéale et glorieuse à l'humanité (humanisme). Cela relève de la responsabilité et de la conscience prospectives de tout philosophe digne de ce nom. C'est la mission historique du philosophe définie par Platon dans **La République** (mythe de la caverne). Le philosophe est investi d'une fonction pédagogique, éduactive (la dialectique ascendante et descendante illustrée par le mythe de la caverne).

Je prépare le terrain et les esprits pour l'avènement d'une société méritocratique qui sortira un jour l'humanité de l'obscurantisme, de la médiocrité, du chaos et du désespoir. Dans le monde d'aujourd'hui où les gens se laissent emporter par la paresse, l'auto-aliénation et l'auto-dénégation, la culture et le développement de la responsabilité et de la conscience prospectives s'imposent à tous. C'est un besoin vital. C'est une nécessité universelle. Car l'heure est très grave. Trop grave même. C'est une question de vie et de mort. Nous devons former urgemment des braves, des héros et des sages qui relèveront tous les défis actuels et gagneront la guerre contre le mondialisme, le covidisme, le vaccinisme, le transhumanisme, l'eugénisme, «l'attalisme» (Jacques Attali, **L'avenir de la vie**), le malthusianisme et **Le Grand Reset**. Battons-nous à mort pour arrêter le génocide planétaire, les crimes infinis contre l'humanité, la violation générale, flagrante et cynique de tous les droits et libertés de l'homme.

1
Société, Pensée, Langage, Raison

L A SOCIÉTÉ FABRIQUE DES hommes égaux en les séparant des choses, des objets et des bêtes. Elle leur donne des qualités physiques, des capacités cognitives, des valeurs morales, juridiques, psychologiques, esthétiques, sociologiques. Il y a, entre autres, la pensée, le langage, la raison. Sur ce plan, tous les hommes sont vraiment égaux, semblables, comme produits de la société. Mais l'individu est appelé à évoluer et à se transformer en un être supérieur, très différent des autres hommes. Ainsi je suis **devenu** ou, mieux, je me suis **fait** philosophe, sociologue, écrivain, artiste-musicien, compositeur, chanteur, guitariste, penseur, humaniste. Comment suis-je devenu tout cela? Toutes ces valeurs, activités et fonctions existaient depuis, dans la société, avant ma naissance. Je les ai trouvées en place comme rôles que les hommes jouaient. Ce sont des éléments de la culture et de la civilisation. Ils m'ont été transmis par la société. Dans ma famille, dans mon village, dans mon pays et à l'école, l'on m'a appris à marcher, à parler, à lire, à écrire, à chanter, à jouer de la guitare. J'ai étudié la philosophie (les pensées, les écrits des autres), la sociologie (les comportements collectifs, les coutumes de chez moi, les valeurs, les paradigmes, les institutions, les faits sociaux, ma culture, ma civilisation), la musicologie (solfège, règles musicales, harmonique). J'ai reçu la définition de l'art et de la musique à l'école. Il m'a suffi d'appliquer cela et d'imiter des musiciens. Il m'a fallu **me conformer** à des règles, à des lois, m'intégrer à la société ivoirienne, respecter l'ordre établi, être bon fils, bon élève, bon citoyen, bon professeur de philosophie, bon écrivain, bon musicien etc.

je suis très conditionné, très déterminé comme membre d'une famille, d'une communauté villageoise, urbaine, professionnelle, nationale et mondiale. Je suis donc un produit de la société et de la culture. Je suis construit par les activités et les institutions de la société et du monde. Je suis très imbibé des normes, des valeurs et des paradigmes sociétaux. J'ai reçu en héritage les facultés de penser, de parler, de marcher…Dès ma naissance, j'ai été placé dans tous les milieux socio-humains, socio-culturels qui ont fait de moi ce que je suis. Sans la présence et l'action de la société dans ma vie, je n'aurais pas été capable d'être homme (Lucien Malson, **Les Enfants sauvages**). La pensée, la parole, le fait de marcher sont des fruits de la société. La pensée est constituée d'idées, d'images qui sont véhiculées par le langage sous la forme de parole, de mots, de symboles, de signes. La langue est formée de mots et les mots contiennent, expriment des idées ou notre connaissance des choses, du monde. Nommer, par exemple, c'est connaître. Le nom décrit les propriétés essentielles de la chose ou de l' être nommé. Nommer c'est, par conséquent, appeler à l'être. En effet, c'est par les noms que nous faisons exister les choses et les êtres dans notre esprit. Tel est le mécanisme de notre savoir. Le bébé ou l'enfant (qui ne parle pas) ne pense pas et ne sait rien. Le monde lui est donné d'une manière globale et floue. Mais au fur et à mesure qu'il grandit, qu'il parle, il apprend à identifier, à distinguer les choses, les êtres et à penser. Penser, c'est enchaîner des idées, établir des relations entre les choses et les êtres. C'est connaître. Ainsi l'enfant parvient à associer des idées et des images à des réalités dans son esprit. Il sait, par exemple, que papa n'est pas maman. Il apprend, par la même occasion, à associer les êtres et les choses à leur utilité pour lui, à leur rôle dans sa vie et dans la vie en général. Il sait ce que maman fait pour lui, ce que papa fait pour lui. Il découvre progressivement, en grandissant, le monde. Telle est la réalité de l'homme. Telle est la vérité sur son évolution en tant que produit de la société.

Les sentiments, les émotions, l'entendement, l'intelligence, l'imagination, la mémoire, l'attention, l'habitude et la raison se développent progressivement chez l'homme grâce au progrès du langage et de la pensée. Tout est possible grâce à l'influence ou à l'action du milieu humain et social (famille, école, profession, association, relations diverses interpersonnelles). On doit dire que l'individu n'est rien et n'a rien sans les autres. Autrui (la société et les autres individus) est l'Alpha et l'Oméga de l'homme. Il est le déterminant de l'homme. Il est à la fois le paradis et l'enfer de l'homme. Autrui est un paradis pour l'homme parce qu'il est le lieu de l'éclosion de ce dernier. Il est un enfer parce qu'il constitue la prison de l'individu. La société s'impose à l'individu comme une somme de contraintes, de servitudes, comme instance de domination, d'aliénation des droits et des libertés personnels. C'est contre la société que l'individu doit se battre pour son affirmation comme être libre, souverain, responsable. L'individu a le devoir impérieux de s'imposer à la société comme étant liberté, volonté, raison, esprit, conscience, lumière, boussole, guide. Il doit s'affirmer comme maître, génie, héros, sage, champion dans le monde. Il doit apporter un plus au monde. C'est sa responsabilité prospective. Une fois parvenu à l'âge de raison, l'individu doit se créer une nature meilleure et supérieure, se départir de l'homme vulgaire, ordinaire. Il doit se doter d'une conscience prospective. Son propre progrès sans limite et le progrès collectif sans limite le lui imposent. L'individu a l'obligation de lutter à mort et de combattre toute limitation que la société lui impose. A cette fin, il doit savoir faire un très bon usage de toutes ses forces et de toutes ses capacités physiques, mentales, cognitives, intellectuelles, spirituelles qu'il a reçues de la nature, de la société, de l'univers ou qu'il s'est créées lui-même (et c'est le plus important). Son but est de devenir **un homme exceptionnel, une étoile, l'homme supérieur**. L'individu doit, par sa lutte, déborder le moule sociétal dans lequel il a été posé, fabriqué. Il doit sortir de ce moule sociétal qui est nivelateur et rapetissant. Il ne doit pas regarder son nombril, tourner les yeux vers le sol. Il doit plutôt tourner son regard vers le ciel, contempler le soleil, les étoiles et chercher à briller lui aussi. Sa mission sacrée est de briller comme le soleil. Il doit sortir de la caverne ténébreuse abrutissante, rapetissante, comme univers de l'homme inférieur et monter dans le ciel étoilé, ensoleillé, éclairé, c'est-à-dire le monde gouverné par la Raison et l'Idée de Bien. Il doit se vouloir très grand, très puissant. La Raison nous a été donnée pour évaluer, calculer, juger notre condition afin de l'améliorer et de l'embellir. C'est le moteur de notre progrès, de notre bonheur et de notre salut. L'intelligence nous permet de comprendre les choses, le monde et les hommes. L'homme est un être à la fois raisonnable, intelligent, imaginatif. Il possède aussi la mémoire, la conscience, l'attention et la volonté. Toutes ces valeurs ou réalités psychologiques doivent l'aider à bien vivre, à être très heureux en se construisant une existence salvatrice et sans défaut. Ce sont les instruments de sa reconstruction et de sa transformation en l'homme supérieur, dans sa lutte pour l'affirmation de son ego et pour la conquête de la puissance . Cela doit lui permettre de refaire le monde, de l'amender et de le diriger sagement, efficacement. Ces facultés constituent les fondements de sa personnalité qui le prédestine à être un être supérieur. Animé par sa conscience prospective, l'homme devient révolutionnaire et responsable de l'avenir du monde. Il a une responsabilité prospective. Il doit être animé par la volonté créatrice et innovatrice à l'égard de la vie et de la société. Ainsi l'individu est face à lui-même et à la société.

2
L'homme Supérieur

Nous employons le concept d'homme supérieur pour désigner les personnes qui se distinguent en accomplissant des actions très difficiles, très glorieuses et héroïques grâce à leurs capacités exceptionnelles. On trouve des images de l'homme supérieur dans tous les domaines: arts, sports, sciences, philosophie, religion, politique, technologie etc. L'homme supérieur est un symbole régulateur qui regroupe les individus très talentueux, très valeureux, très vaillants et exceptionnels: étoiles, sages, génies, champions, héros. A titre d'exemple, on peut citer les plus grands inventeurs, les plus grands créateurs et les plus grands penseurs qui dominent le monde dans tous les domaines: Jésus Christ, Mahomet, Bouddha, Lao Tseu, Isaac Newton, Copernic, Archimède , Louis Pasteur, Socrate, Platon, Aristote, Imhotep, Moïse, Haïlé Sélassié, Karl Marx, Mahatma Gandhi, Mao Tse Toung, Thomas Sankara, Lénine, Fidel Castro, Kwame Nkrumah, Sekou Touré, Mouamar Kadhafi, Martin Luther King Junior, Jack Johnson, Muhammad Ali, Michael Jackson, Elvis Presley, Thomas Jefferson, John F. Kennedy, Bruce Lee, Le Roi Pele, Serena Williams, Simone Biles, Gabby Douglas, Magic Johnson, Bill Russell, Michael Jordon, Usain Bolts, Jesse Owens. Bob Marley.

Tous ces individus sont opposés à l'homme inférieur. L'homme inférieur regroupe tous les individus qui n'osent pas affronter ni défier les plus grandes difficultés, les choses à très haut risque, les plus grandes souffrances afin de devenir champions, héros, étoiles, génies, élites. Ce sont des gens faibles, impuissants qui acceptent leur condition misérable, minable. Ils ne font pas d'effort pour s'élever au-dessus du troupeau, pour faire briller leurs étoiles, pour améliorer leur sort. Ils se contentent de la petitesse, acceptent la servitude, la domination. Ils refusent la lutte héroïque légitime et nécessaire pour le progrès, la prospérité, la puissance, la grandeur, le développement de soi, l'épanouissement personnel. Ils ne veulent pas sortir du troupeau et s'affirmer comme leaders ou bergers. Ils fuient la responsabilité prospective qui élève l'individu au rang de héros, de demi-dieu, de l'homme supérieur. Ceux-là manquent totalement de volontarisme, de conscience prospective, de courage, d'ambition. Ils sont sans force, sans lumière intérieure (raison, volonté de puissance). Ils sont conformes à l'ordre et sont anonymes. L'homme inférieur est un grain de sable confondu aux autres grains de sable formant la terre. Il est nivelé et limité. C'est un agneau bêlant, docile, un mouton de Panurge. C'est un gros bébé. Il est brimé, opprimé, exploité par les maîtres et les esclavagistes du monde entier. Son contraire, l'homme supérieur, quant à lui, se veut le maître et le possesseur du monde, de la terre, de la société.

L'homme supérieur déploie sa volonté de puissance dans le monde. Il veut dominer et vaincre toutes les forces et toutes les puissances extérieures à lui. Il affronte et brise les difficultés, les obstacles. Il est sans fatigue, sans lâcheté ni peur. Il est intrépide. Il vise très haut. Il accomplit des actions titanesques. Il coopère avec le groupe sans lui être soumis. Il est au-dessus du groupe. Les pluies diluviennes, les torrents, les vents les plus violents, les ouragans, les tempêtes, les orages, les séismes, la neige, le froid d'hiver et la canicule lui sont totalement indifférents. Les intempéries catastrophiques et toutes les calamités du monde n'ont aucun effet négatif sur sa vie. Il triomphe de tout cela. Il s'est autoconstruit en dieu, en champion, en roi, en héros, en président etc. Il est hors du temps et de l'espace. Il échappe au déterminisme naturel, sociétal, psychologique, historique, métaphysique, théologique. Ainsi il est très bon berger. Il conduit son troupeau vers les paturages les plus gras et les plus verdoyants. Il lutte pour donner de la force, de la puissance, le bonheur et le salut à l'humanité qui ploie sous le poids de la faiblesse, de la petitesse, de la misère tous azimuts. Telle est sa mission. En effet, l'humanité est essouflée, ridicule et pitoyable. Elle a besoin de sauveur. Ce sauveur attendu est bien sûr l'homme supérieur. Celui-ci va porter le drapeau de l'humanité très haut, dans le ciel étoilé, étant lui-même l'étoile la plus brillante qui donne sens, espoir et gaieté au monde. L'homme supérieur est l'âme de l'humanité et l'oxygène qui nous rend la vie possible. Il sort le monde et la vie de la morosité, de la monotonie, de la platitude, de la lassitude, de l'insipidité. Sa responsabilité est infinie. Il est innovateur, rénovateur, révolutionnaire, et régénérateur. C'est ainsi qu'il corrige et améliore le monde. Les vivants respirent grâce à lui. Il est leur porte- flambeau. On voit ici que la valeur des étoiles est inestimable. Les étoiles représentent en effet la face souriante, gaie, charmante, du monde et de la vie. Voilà pourquoi l'humanité doit adorer ses étoiles, leur distribuer sans cesse des médailles, des trophées, des coupes et les ovationner. Les champions sportifs, les héros en morale, en sagesse, en politique, les artistes vedettes, les génies en science, en technique sont toujours à saluer, à féliciter, à bénir, à glorifier. Ils sont les artisans de notre évolution positive, de notre progrès sans fin. Ils font l'histoire. Ils sont les auteurs des faits glorieux, les responsables et les acteurs du développement des nations et de l'humanité. C'est grâce à leurs actions grandioses, à leur génialité, à leurs talents, à leur puissance créatice, innovatrice, à leur inventivité, à leurs travaux salutaires et à leurs victoires que l'homme a de la dignité et de l'autorité sur le monde. C'est bien grâce à eux que nous règnons sur la terre, que nous dominons le monde, que nous sommes comme maîtres et possesseurs de la nature (René Descartes), que nous sommes des petits dieux. C'est bien grâce à leurs pensées, à leurs actions que nous sommes heureux, en paix, en sécurité et fiers d'être des hommes. C'est eux qui élèvent l'humanité au rang de la divinité. C'est eux qui nous mettent au-dessus des animaux, des végétaux, des minéraux etc. Voilà ce que nous leur devons. Et c'est le minimum. Car s'ils n'existaient pas dans ce monde, nous ne pourrions pas vivre. Nous vivons grâce à leurs combats, à leurs victoires sur l'adversité, sur les obstacles, les difficultés, les problèmes. Les vrais hommes, c'est eux. Les autres hommes sont à peine supérieurs aux êtres frustres. Descartes a raison de dire: «Je pense donc je suis». En effet, seuls les penseurs sont dignes et méritants. Les penseurs (créateurs, inventeurs, philosophes, scientifiques) sont nos maîtres, nos rois, nos dieux. Ils détiennent les secrets, les lois ou les principes de la nature et du monde. Ils détiennent la connaissance, la lumière. Telle est la valeur inestimable des étoiles parmi les hommes. L'homme-penseur (le philosophe, le scientifique) est cet homme qui a pu sortir de la caverne ténébreuse (le monde sensible ou l'ignorance) dans laquelle sont enfermés tous les humains pour aller contempler le soleil et l'Idée de Bien. De ce monde gouverné par la Raison, la connaissance (le monde intelligible), ce philosophe retourne dans la caverne pour instruire, éduquer, assagir et libérer les prisonniers (l'homme vulgaire, l'ignorant). Par cette allégorie appelée le mythe de la caverne, Platon nous définit le rôle pédagogique et politique des étoiles, des élites dans la société (le philosophe-roi).

3
La Responsabilité Prospective

La responsabilité prospective d'une personne est son devoir futur envers le monde. C'est ce que le monde attend d'elle comme bonnes actions ou actions salvatrices. C'est un idéal et une mission qui lui sont assignés. Toute personne qui naît, porte déjà cet idéal. Elle est automatiquement investie d'une mission en faveur de la société et de l'humanité. Nous devons répondre de nos actions passées (responsabilité retrospective) et répondre de nos actions à venir (responsabilité prospective). Assumer ses responsabilités retrospectives, c'est, par exemple, réparer des torts, des préjudices que l'on a causés à autrui. C'est reconnaître ses fautes et supporter leurs conséquences (sanction). Si l'on a bien agi, on est récompensé. Il s'agit, dans tous les cas, de rétablir l'ordre, de faire régner la justice, l'équilibre, l'harmonie dans la société. Telles sont les fins ou les valeurs contenues dans le concept de responsabilité. L'obligation suprême de tout individu est de respecter les lois de son pays ou les lois du pays dans lequel il se trouve. Cela consiste à faire tous ses devoirs à l'égard de tout le monde et à l'égard de l'État. En faisant cela, on contribue au maintien et à la protection de l'ordre public. L'individu doit faire régner la justice, la paix, la sécurité dans la société. Ainsi il est libre, agent de progrès et de bonheur de tous. Dans le cas contraire, il perd sa liberté et tout ce qui va avec elle. Il ne peut jouir de tous ses droits d'homme et de citoyen.

«L'obéissance à la loi qu'on s'est prescrite est liberté», a dit J-J Rousseau, dans **Du Contrat social**. Qu'est-ce que la loi? C'est une règle juridico-politique qui découle de la volonté du groupe. C'est l'expression de la volonté générale. Obéir à la loi, c'est donc obéir à sa propre volonté raisonnable, à sa propre conscience, à sa nature d'homme (l'homme étant un animal politique et raisonnable selon Aristote). La loi est obligatoire, contraignante mais elle n'aliène pas le citoyen. Elle force ce dernier à être libre et heureux. Y a-t-il ici un paradoxe? Non. «L'homme est né libre et partout il est dans les fers», a dit Rousseau. La liberté naturelle est indésirable car elle est dangereuse. Ainsi elle est remplacée par la liberté civile. Celle-ci est la seule liberté valable, légitime, salvatrice. L'individu doit savoir ce qui est bon, utile pour lui et pour le groupe. Il doit savoir les comportements exigibles, salutaires, qui sont imposés à tous par le groupe. Les comportements qui lui sont exigés constituent ses responsabilités prospectives. En accomplissant ses devoirs de citoyen, en assumant ses responsabilités prospectives, il a des droits. Les devoirs confèrent des droits. Celui qui revendique ses droits sans faire d'abord ses devoirs est déraisonnable. Il est insensé, injuste, égoïste, méchant. Il est nuisible à l'ordre, à l'harmonie et à l'équilibre sociétaux, au rapport qui le lie au groupe. Il ignore que l'homme est un animal politique, c'est-à-dire un être social (un être qui ne peut vivre qu'en groupe). Vivre avec les autres impose à chacun l'obligation d'être bon, civilisé, solidaire, altruiste ainsi que le devoir de sacrifier sa liberté et ses droits naturels, égoïstes au profit du groupe. Cela impose des sacrifices mutuels à tous les membres du groupe. Cela rend la condition égale à tout le monde. Nul n'a plus de droits ni plus de devoirs que les autres. Nul n' a moins de droits ni moins de devoirs que les autres. Nous sommes donc dans une justice égalitaire (égalité de condition et de chance pour tous). La loi est la même pour tous. Elle ne favorise personne en particulier. Elle est impartiale, neutre, égalitaire. Chacun est souverain. Nul n'est au-dessus de la loi. Le reste dépend des mérites et de l'utilité personnels, des talents et des compétences de chacun. Ces choses nous départagent. Cela dépend de la capacité de chacun à mieux servir son pays, son groupe. A chaque personne selon ses mérites. Dans la société, il y a des gens plus méritants que d'autres de par leurs productivités ou leurs rentabilités plus grandes. La justice sociale, même si elle est égalitaire, doit tenir compte de cela au risque de frustrer les plus méritants et d'encourager la paresse, la fainéantise et la médiocrité généralisées. Il faut un monde où le mérite soit la règle générale et le seul critère d'évaluation, d'appréciation, de distinction, de prospérité des hommes.

Il faut un monde où seul le mérite soit récompensé et honoré comme valeur sublime et critère de progrès, de développement, de bonheur et de salut de tous et de chacun. Sans cela, la société va droit à la décadence. On ne peut pas construire une société heureuse, prospère, en paix, en sécurité sur la médiocrité et l'injustice. Nous voulons la **méritocratie**. Seuls les méritants sont responsables. Seules les étoiles sont pleinement responsables. Ces étoiles méritantes construisent un avenir meilleur et salutaire. Elles assument leurs responsabilités prospectives, c'est-à-dire font tous leurs devoirs glorieux, tout ce que le monde attend d'elles. Que représente le devoir sacré ou le plus glorieux devoir pour les hommes supérieurs à l'époque de la covid-19, des vaccinations soi-disantes contre la covid-19 obligatoires, stérilisantes et mortifères dans le monde entier? Quelles sont les responsabilités prospectives des étoiles contre l'eugénisme, le transhumanisme et le projet génocidaires de nouvel ordre mondial des Illuminati, des francs-maçons, de l'oligarchie capitaliste et de la plutocratie internationales? Qu'est-ce que les hommes supérieurs doivent faire pour empêcher le génocide planétaire en cours organisé par les mondialistes, les malthusianistes, les attalistes (Jacques Attali, **L'Avenir de la vie**), les membres du **Grand Reset,** du Club Bilderberg, de l'ONU, de l'OMS, de l'OMC, de l'Union Européenne, de l'Union Africaine, du Club de Rome, du Club de Paris, de la Banque mondiale, du FMI, du Forum Economique Mondial de Davos, de GAVI, de GSK, de Big Pharma? Telles sont les questions fondamentales, brûlantes à se poser aujourd'hui pour souligner la différence entre les hommes supérieurs et les hommes inférieurs. Les lanceurs d'alerte, tous ceux qui se font le devoir d'informer le monde sur le danger suprême qu'est ce génocide planétaire en cours sont les plus grands héros, les plus grands martyrs du siècle. Honneur, gloire, force et courage à eux! Haut les coeur! Ces braves et très courageuses personnes sont persécutées pour le fait qu'elles osent dénoncer ce qui constitue le plus grand crime contre l'humanité, pour le fait qu'elles sensibilisent, mobilisent et poussent chacun à prendre ses responsabilités prospectives dans cette guerre mondiale, à résister et à combattre les bourreaux de l'huamanité.

4

La Conscience Prospective

La conscience prospective est la connaissance qui construit l'avenir. C'est la projection de notre esprit sur le futur afin de corriger le monde d'aujourd'hui, d'améliorer notre condition et notre vie. C'est elle qui permet d'élaborer des projets, des rêves. C'est notre phare ou notre lumière intérieure. C'est un instrument du progrès, du bonheur et du salut de l'humanité. C'est une boussole que nous utilisons pour résoudre les problèmes humains, sociétaux et naturels. René Descartes a dit: «Je pense donc je suis». Il faut plutôt dire ici: je pense donc je peux tout faire, je peux bien agir, je suis libre, souverain, heureux. Je peux être une étoile, un génie, un champion, un héros. L'homme peut devenir tout ce qu'il veut et obtenir tout ce qu'il cherche grâce à sa pensée, à sa conscience prospective. Comme René Descartes, je crois absolument que le cogito ou la conscience prospective (pour moi) est la meilleure définition de l'homme authentique ou responsable. La pensée, sous sa forme de conscience prospective, est le facteur principal de la construction de soi, de l'existence comme acte de raison, du développement historique et du monde. Celui qui manque de cette faculté que nous appelons la conscience prospective est moins homme. C'est un sous-homme. Celui qui possède la conscience prospective est un homme accompli ou l'homme supérieur. Une telle personne est sortie de l'état animal, de la domination naturelle et sociétale. Elle a accédé à l'état de génie, de sage, de héros, de bouddha (Nietzsche parle en ce sens de surhomme).

L'univers et la société ont créé l'homme ordinaire, vulgaire, nivelé, limité. L'homme supérieur, le génie, le héros, le sage, l'étoile, le champion, se sont créés eux-mêmes en brisant le carcan naturel, universel et sociétal. La société, l'univers et la nature sont les berceaux et les moules de l'homme ordinaire, vulgaire (l'homme inférieur). L'homme supérieur, animé par la conscience prospective, échappe au moule rapetissant et nivelateur de la société, de l'univers et de la nature. Il est iconoclaste, non conforme. Il n'existe pas d'idole pour lui. Les hommes naissent libres et la société les modèle dans son moule de valeurs morales, psychologiques, juridiques, religieuses, politiques, esthétiques, anthropologiques, sociales, économiques. Cela finit par les transformer en nains, en nabots. Ainsi les humains ordinaires sont tous petits et ronds comme des grains de sable. Ils se ressemblent tous comme des gouttes d'eau. Ils possèdent tous équitablement les mêmes aptitudes, les mêmes capacités et les mêmes qualités (intelligence, mémoire, langage, entendement, raison, sentiment, émotion, volonté). Ainsi les hommes ordinaires se reconnaissent aisément entre eux et se distinguent des autres êtres comme les bêtes, les plantes, les minéraux, les gaz… Tous les hommes naissent différents les uns des autres et la société les nivèle, les rabougrit. Comment se fait-il qu'il y a, malgré tout, des hommes exceptionnels, extraordinaires, supérieurs (élites, étoiles, génies, héros, sages, champions)? Comment se fait-il qu'il y a des hommes particuliers, des hommes qui brillent, dominent, règnent, gouvernent les autres et le monde? Par exemple, Karl Marx, Lénine, Mao Tse Toung, Fidel Castro, Jésus Christ, Bouddha, Conficius, Einstein, Louis Pasteur, Hegel, Kant, Kwame Nkrumah, Thomas Sankara, Mouamar Kadhafi, Adolf Hitler, Cheikh Anta Diop, Socrate, Abraham Lincoln, Thomas Jefferson, George Washington, Michael Jackson, Jimi Hendrix, Elvis Presley, Mahomet, Moïse, Muhammad Ali, Serena Williams, Gabby Douglas, Simone Biles, René Descartes, Rousseau, Mahatma Gandhi, Nelson Mandela, Martin Luther King Junior, Bruce Lee, Roi Pele, Bob Marley.

Tous ces gens célébrissimes ont un caractère ou un dénominateur commun. Ils sont devenus des hommes extraordinaires, des icônes, des étoiles grâce à leur conscience prospective. Ils ont prospéré et dominé le monde grâce à cette faculté supérieure et salvatrice. Leur personnalité a fait la différence entre eux et les hommes simples, ordinaires et anonymes. Ils se sont battus pour devenir ce qu'ils sont. Ils se sont transformés **par la lutte**. Ils sont passés de l'obscurité à la lumière, de la nuit au jour. Ils sont partis de rien (pour la plupart) pour avoir tout grâce à des efforts exceptionnels. Ils sont immortels, inoubliables. Ils ont dû briser des idoles. Ils ont pratiqué la philosophie du développement personnel et sont devenus des maîtres. Ils ont dit non à la faiblesse, à la petitesse, à l'impuissance, à la médiocrité. Ils ont dit non au conformisme, à la soumission, à la servitude. Ils ont choisi d'exister et non pas de vivre simplement comme des choses et des bêtes. Ils sont devenus des champions et des héros car ils l'ont voulu. Vouloir, c'est être. C'est lutter, travailler, créer. On devient ce qu'on veut être. On se fait roi ou esclave. C'est une question de choix et de volonté. Celui qui veut la liberté, la puissance, la prospérité, la grandeur, les obtient grâce à sa combativité, à ses efforts, à son travail. Il doit les arracher. On arrache les victoires. Elles ne se donnent pas en cadeau. Pour devenir champion, il faut être intrépide, sans peur, sans paresse ni lâcheté. L'homme supérieur n'a pas peur des risques, des dangers, si grands soient-ils. Il les affronte avec courage, bravoure, audace. Sa philosophie est celle des Américains: You can. Just do it. Never give up (tu peux réussir. Il te faut seulement agir puissamment. C'est tout. N'abandonne jamais ton combat. Tu es condamné à gagner). Il défie tous les risques, toutes les souffrances, tous les dangers qui se dressent sur son chemin vers la gloire, la victoire, la grandeur, la puissance. L'homme supérieur s'auto-construit dans la douleur, la souffrance, les dangers, les difficultés. Etudiez l'esprit et la volonté de puissance de **Muhammad Ali, de Jack Johnson, de Mike Tyson** et de **Bruce Lee**, quatre grands défieurs et champions héros historiques.

5
La Nouvelle Pensée Et L'ancienne Pensée

L E PROPRE DE L'HOMME est de penser et de parler. Ces deux attributs sont une seule et même chose. Parler, c'est penser. Et penser, c'est parler. La parole exprime la pensée. Elle contient la pensée. Et la pensée se trouve dans les mots, dans la langue que l'on parle. Cela distingue l'homme de l'animal, des choses, de la plante. La pensée crée, modifie la vie humaine et façonne le monde. La civilisation est produite par la pensée. Notre manière de vivre et d'agir est pensée. C'est le résultat de la pensée. L'existence humaine est due aux penseurs. Notre manière de vivre actuelle nous a été léguée par les penseurs d'hier et d'aujourd'hui. Le cerveau humain a pour rôle privilégié et noble de penser sans cesse, de fournir des idées, des modèles, des conceptions, des visions du monde, de la vie, de l'homme, des valeurs, des idéaux. L'évolution, le progrès, la décadence, la regression, les changements, le développement ou l'histoire des sociétés dépendent des pensées humaines, de la manière dont les hommes pensent leur vie et agissent (idéologie, philosophie, science). Les résultats des pensées d'hier et d'aujourd'hui sont connus. C'est tout ce que l'humanité vit actuellement comme bonheur ou malheur: conflits, guerres, génocides, carnages, maladies, pandémies, covid-19, corona virus, Ebola, SIDA, esclavage, Traite négrière, colonisation, impérialisme, prédations, misère, pauvreté, vaccinations obligatoires stérilisantes et mortifères pour toute l'humanité en même temps, eugénisme, transhumanisme, un nouvel ordre mondial satanique imposé par l'oligarchie capitaliste et les francs-maçons, le réchauffement climatique. A cela , il faut ajouter les divers systèmes politiques, économiques, sociaux, culturels, civilisationnels et les grandes institutions comme ONU, Banque mondiale, FMI, OTAN, OMS, OMC, GAVI, GSK, AMT, The Great Reset, Forum Economique Mondial de Davos, Union Africaine, Union Européenne…

Tant que les hommes continuent à penser et à agir comme ils l'ont fait jusqu'à ce jour, le monde ne peut qu'aller à la catastrophe, au chaos, à vaut-l'eau. Si l'homme ne change pas sa manière de penser et d'agir sur la terre, la vie sera toujours en danger (Jacques Attali, **L'Avenir de la vie**, Malthus, **Essai sur le principe de population**, Nicolas Machiavel, **Le Prince**, Klaus Schwab, Malleret Thierry, **Le Grand Reset**). Ainsi nous proposons à l'humanité de changer sa manière de penser et d'agir dans le monde afin de créer un futur meilleur et salvateur. L'humanité a besoin d'une nouvelle manière de penser et d'agir pour pouvoir se conserver, se maintenir en vie, être en sécurité, en paix et heureuse. C'est une question de vie et de mort. L'heure présente est trop grave. Vivement une nouvelle façon de penser et d'agir pour mettre fin à tous les dangers écologiques, génocidaires, économiques, sociaux, politiques, spirituels, religieux, culturels, civilisationnels. Nous invitons tous les humanistes, tous les philosophes, tous les visionnaires et tous les porteurs d'idéaux à se joindre à nous pour ce combat de changement de paradigme, de rupture intellectuelle, psychologique, axiologique, civilisationnelle. Une nouvelle dynamique intellectuelle est indispensable. Nous l'appelons **la nouvelle pensée**. Elle s'oppose à l'ancienne pensée, à la pensée officielle, classique, traditionnelle qui provoque des tragédies, des catastrophes, des dangers tous azimuts. L'humanité a trop souffert de cette pensée qui dure des millénaires. Ses dégâts sont inestimables et ses victimes sont indénombrables. Il est temps que cela s'arrête ou soit remplacé.

Quel sera le rôle des penseurs de notre école de pensée? Nos nouveaux penseurs penseront selon les normes et les objectifs qui sont les nôtres. Nos normes et objectifs s'opposent à ceux de l'ancienne école qui cause la disparition de la civilisation et de l'humanité, c'est-à-dire qui entraîne la barbarie, le génocide planétaire, les dangers écologiques, climatiques. Les nouveaux penseurs ont pour tâche d'évaluer, d'estimer les inconvénients, les risques, les dangers de l'ancienne pensée. Ils vont tracer le portrait d'une nouvelle espèce d'hommes (les hommes purs ou les hommes supérieurs) qui porte l'espoir, la responsabilité et la conscience prospectives. Nous voulons des hommes qui fourniront au monde des concepts régulateurs, opératoires, susceptibles de conduire l'humanité au bonheur, au salut. Ces nouveaux penseurs sont des bergers qui surveillent, guident et conduisent des troupeaux de moutons aux paturages les plus gras pour les nourrir correctement et les rendre très heureux. Les peuples sont comparables à des troupeaux de moutons qui ont besoin de bergers compétents. Sans bergers, les troupeaux de moutons sont en danger de mort. De même sans penseurs, les peuples sont en danger de mort. Les peuples ont besoin de penseurs qui leur donnent des idées salvatrices, des idéaux, des concepts régulateurs, éclairants pour leur praxis. Nous savons l'importance vitale et l'influence positive des concepts de Dieu, de liberté, d'âme, de justice, de paix, de bien, de bonheur, de démocratie, de république, de droit, d'Etat sur l'humanité. Tous les hommes et tous les peuples du monde entier sont conditionnés et guidés par ces concepts politiques, économiques, sociaux, religieux, culturels. Tout le monde vit et agit selon ces concepts. Tout le monde est déterminé par ces concepts. Aucune société et aucun individu ne peuvent se passer de ces concepts qui représentent la clé de la vie et du monde. Ces concepts sont récités et chantés partout, à longueur de jour et de nuit. En leur nom, les gens se battent, se font la guerre pour redresser leur société, corriger leur vie, construire leur bonheur et un ordre salutaire. Les gouvernements, les religions, les Etats, les syndicats, les églises, les temples, les mosquées, les partis politiques, les activités sociales, économiques, caritatives n'existeront pas dans le monde sans ces concepts. Leur rôle est prépondérant dans l'existence de l'humanité. Cela montre combien la pensée (philosophie, idéologie, science, théologie) est utile, intéressante, voire indispensable à l'humanité.

Ainsi nous voulons des penseurs de plus en plus hardis, courageux, téméraires, intrépides pour changer ce monde, améliorer et sauver l'humanité. Nous voulons l'homme supérieur qui sera le fruit de nos doctrines intitulées supériorisme, championisme, visionnarisme, volontisme, valorisme etc. Nous voulons amener l'humanité à penser autrement, à rêver très grand, à changer de paradigme. Telle est l'obligation morale et philosophique des penseurs nouveaux, des penseurs de notre école: créer l'homme supérieur pour créer un monde meilleur, un monde supérieur. Il nous faut amener les hommes à abandonner la pensée ancienne, tragique, génocidaire, au profit de la pensée pacifiste, eudémoniste. Cultivons et développons à l'infini l'esprit supérioriste, visionnariste, championiste, valoriste exigé par la responsabilité prospective et la conscience prospective. «Pour ce qui est de l'avenir, il ne s'agit pas de le prévoir, mais de le rendre possible», dit Saint Exupery.

6

L'homme Idéal Et L'homme Réel

L'HOMME IDÉAL EST UNE idée **métaphysique, humaniste et morale**, c'est-à-dire une construction intellectuelle de la philosophie du développement personnel. C'est un projet comme réalité intellectuelle, imaginaire. C'est une autre appelation de l'homme supérieur. Nous l'imaginons dans notre esprit dynamique, créateur. Chacun de nous peut et doit le faire comme son propre portrait robot ou son image de soi idéalisée. Cela ne coûte rien à personne. L'homme idéal est un instrument qui permet aux philosophes de corriger, d'éduquer, d'améliorer la condition des individus fabriqués par la nature, la société et l'histoire, c'est-à-dire l'homme réel, concret. L'homme idéal impacte positivement l'homme réel et le monde. Il régule la société, la civilisation et donne sens et valeur à l'humanité. Il est à la base de l'évolution, du progrès de l'humanité. Il se manifeste concrètement dans l'histoire par l'existence des penseurs, des philosophes, des scientifiques, des champions, des héros, des génies, des sages (les grands hommes, les icônes, les légendes, les élites). L'homme idéal s'oppose à l'homme inférieur qui a pour attributs la paresse, la faiblesse, l'impuissance, la lâcheté, l'imbécilité, le crétinisme, la crédulité, l'idiotie, la peur, la passivité.

La philosophie du développement personnel, du progrès (noble école de pensée) fonctionne sur la base du concept d'homme idéal. Cela lui permet de former les hommes d'avenir, les sauveurs de l'humanité et du monde (génies, champions, héros, sages, élites, maîtres). L'humanité et le monde ont besoin de l'homme idéal, de l'homme supérieur. Pour l'élevation, l'évolution, le progrès de l'individu et de la société, nous avons besoin de révolution psychologique. Et la révolution psychologique est synonyme de changement de mentalité et de paradigme. Notre école de pensée veut jouer ce rôle transformateur. Elle veut jouer le rôle de moteur, de levier de développement qualitatif qui donne la puissance créatrice à l'homme. En effet, nul ne peut ignorer la valeur, l'intérêt, l'utilité des génies, des champions, des héros, des sages pour le monde. Nous leur devons notre bonheur, notre prospérité, notre salut. Leur formation doit donc nous préoccuper. Cela doit être notre priorité numéro 1. L'homme idéal est indispensable à l'humanité. Malheur à tout pays qui néglige son devoir régalien de favoriser son avènement dans le monde. Malheur à tout pays qui refuse d'assumer sa responsabilité prospective dans ce cas. Malheur aussi aux pays qui négligent ou persécutent leurs sages, leurs héros, leurs génies, leurs champions, leurs hommes supérieurs. Ils courent le risque grave de tomber en décadence, de se retrouver dans l'abîme et les ténèbres.

La Grèce a tué son philosophe Socrate. Cela a été une très grosse perte pour elle. L'Italie a tué ses philosophes nommés Cicéron et Sénèque. Cela a été de très grosses pertes pour elle. L'Angleterre a tué son philosophe et hmaniste Thomas More. C'est une très grosse perte pour elle. La France a tué son philosophe Jean Jaurès. C'est une très grosse perte pour elle. Les Indiens ont tué leur sage et humaniste Mahatma Gandhi. C'est une très grosse perte pour l'Inde. Les Juifs ont tué leur prophète Jésus Christ. C'est une très grosse perte pour eux. Le Ghana a détruit son Président- philosophe, Kwame Nkrumah. C'est une très grosse perte pour l'Afrique entière. Le Burkina Faso a tué son Président révolutionnaire, Thomas Sankara. C'est une très grosse perte pour tous les Africains. La Libye a tué son guide révolutionnaire et grand bâtisseur, Mouamar Kadhafi. C'est une très grosse perte pour tout le continent africain qui connaît la valeur et les mérites de ce grand homme. Idem pour l'Ethiopie qui a tué son empereur, Haïlé Sélassié, le Négus, roi des rois. Tant d'élites, de révolutionnaires, d'étoiles ont été éliminés dans le monde. C'est un très grand tort. Les hommes supérieurs ne méritent point ce sort. Et cela vient de la part des hommes inférieurs qui créent le chaos pour leur pays. L'homme supérieur construit et l'homme inférieur détruit ce que l'homme idéal a construit. **L'homme inférieur est le mal suprême sur la terre.** Il est contre le progrès, le bonheur et le salut mondiaux.

L'homme supérieur s'est construit par ses propres efforts herculéens, héroïques, au prix de mille et un sacrifices. Il s'est voulu homme supérieur, étoile. Les Européens les ont appelés autrefois **Les Lumières**. Il y a eu le siècle des Lumières, le 18 e siècle, en Europe, notamment en France, pays de Victor Hugo, de Jean-Jacques Rousseau, de Voltaire, de Diderot, de Blaise Pascal, de Montesquieu, de D'Alembert, de Beaumarchais. Les Lumières étaient une République des Lettres, des Arts, de la connaissance. Ce fut une époque où la philosophie a combattu l'obscurantisme politique (monarchie absolue de droit divin), religieux (superstition), économique, social, culturel. Wikipédia relève les six traits dominants du Siècle des Lumières (manifestations sublimes de la Raison).

* La primauté de l'esprit scientifique sur la Providence dont la révolution newtonienne est l'illustration la plus marquante;
* La réflexion politique marquée par la théorie contractuelle, infuencée par les travaux de John Lock;
* Les progrès de l'esprit critique à l'oeuvre, par exemple, dans le **Dictionnaire historique et critique** (1697) de Pierre Baye et la critique lockienne des idées innées;
* Une première désacralisation de la monarchie dont les **Dialogues** du Baron Louis de Lahontan (1710) sont l'une des manifestations;
* L'affirmation de l'idée de tolérance dans une Europe marquée par les divisions religieuses dont l'oeuvre de Lessing, **Nathan le sage** est une illustration;
* Le déisme.

Ces champs de réflexion précurseurs, qui allaient former le socle de la Philosophie des Lumières, traversent le siècle et influencent de nombreux domaines, à l'instar de l'économie politique. L'idée de progrès vient couronner tous ses traits dominants et les synthétiser dans les ouvrages de Nicolas de Condorcet, **Esquisse d'un fardeau historique des progrès de l'esprit humain**-ou de Louis- Sébastien Mercier-**L'An 2440, rêve s'il en fut jamais**»

Le but commun des Lumières européennes était de sortir les Hommes des ténèbres de leur temps et d'éclairer toute chose à la lumière de la raison. N'est-ce pas intéressant, glorieux et salutaire? Mais ces révolutionnaires téméraires, hardis, ont subi la persécution (emprisonnement, exile, ostracisme, banissement). Ils étaient devenus des apatrides. Les hommes inférieurs (politiciens, religieux) les trouvaient dangereux pour eux, insupportables, iconoclastes. Car ils luttaient pour désacraliser le monde, détruire l'obscurantisme, libérer les esprits de la bêtise, de l'ignorance, de la superstition. L'homme des Lumières se veut avant tout un «cosmopolite», c'est-a-dire un citoyen du monde. Telle est la définition même de l'homme supérieur. En effet, ce dernier n'appartient à aucun pays ni à aucune époque. Il est un idéal universel. Il est de tous les temps et de tous les pays. C'est un esprit. Il est la Raison humaine en marche dans le monde entier.

7
L'auto-Construction Personnelle

Nous donnons ici quelques recettes stratégiques qui constituent les étapes à suivre pour son auto-construction. Tout candidat au statut de champion, de génie, de héros, d'homme supérieur doit **les respecter**. C'est comme un exercice d'entraînement pour arriver à sa fin. La fin commande les moyens. Qui veut la fin, veut les moyens. La fin justifie aussi les moyens. **La toute première étape** ou ce qu'il faut immédiatement faire est de **prendre la décision** très ferme et irrévocable de devenir une personne très importante, une étoile très brillante dans le monde. Cela s'appelle avoir la **volonté** de s'auto- construire, de **se transformer en l'homme supérieur.** Il faut tout d'abord, au départ, se vouloir très grand, très puissant. Ce point de départ détermine, conditionne tout le reste. Sans le libre choix de son avenir lumineux comme ambition personnelle, sans la décision de faire quelque chose de grandiose, rien ne pourra se faire. Un homme sans ambition démesurée, sans projet très grandiose, sans rêve fou, sans combat farouche, n'est rien et n'a rien. Il est condamné à être médiocre, à vivoter, à végéter, à demeurer très petit. Il est ignoré, inexistant dans le monde. Il est comme un chien. Il sera jeté à la poubelle de l'histoire à sa mort, sans regret. C'est le sort habituel de tout homme anonyme ou inférieur. La poubelle de l'histoire est l'habitat normal de l'homme inférieur. C'est là son cimetière. Tous ceux qui mènent une vie de chien, de mendiant, d'esclave, une vie sans éclat, sans ambition, sans honneur, sans dignité, sans gloire y passeront. C'est la condition régulière, normale de l'homme irresponsable, sans conscience prospective. Dis-moi qui tu es, je te dirai pourquoi tu es traité de la sorte par l'humanité. A chacun selon sa classe. L'homme inférieur est une persona non grata sur la terre des combattants impitoyables et très ambitieux. Les autres luttent très farouchement pour pouvoir exister. **Et exister, c'est s'accomplir, s'affirmer et s'assumer comme champion, héros, vainqueur. Exister, c'est briller, éclairer le monde, être un maître, une étoile exceptionnelle.** Le tout n'est pas de vivre. Une vie médiocre, ténébreuse, honteuse est inacceptable. Cela ne vaut pas la peine d'être vécu.

La seconde étape de l'auto-construction personnelle est de bien prendre conscience de son objectif. Il faut avoir une une idée trè claire et très nette de son ambition. Il faut très bien cerner sa nature, sa valeur, sa noblesse. Il faut très bien étudier sa faisabilité, évaluer correctement son coût quant à sa réalisation en terme de dépense d'énergie, d'argent, de temps, de capacité personnelle. Il faut très bien se connaître, évaluer sa force et ses moyens personnels. «Connais-toi toi-même». Il faut connaître sa personnalité, son caractère, son goût, son tempérament. Il faut absolument éviter de se tromper sur soi-même, de mentir à soi-même. Il faut être très réaliste, objectif, dans la vérité, sans erreur, sans illusion. **Il y a deux forces en présence ici. C'est vous et votre projet (deux adversaires).** Qui doit gagner? Qui sera le vainqueur dans ce duel? C'est **vous**. Vous devez gagner. Vouloir c'est pouvoir. Vouloir, c'est vaincre. C'est réussir. Cela nécessite des moyens adéquats.

La troisième étape de votre auto-construction personnelle est la création des moyens, des outils, des armes de votre combat. C'est pourquoi il faut bien connaître votre adversaire et vous-même. Vos armes doivent dominer les armes de votre adversaire, c'est-à-dire que vous devez être plus fort, plus puissant que votre adversaire. Quels sont donc vos moyens ou vos capacités personnels pour ce combat? Tout dépend en réalité de la nature et des difficultés du combat. En fonction de la souffrance et des difficultés qu'il y a dans le combat, vous devez vous préparer, vous former adéquatement, vous aguerrir très suffisamment. A telle fin tel moyen. A tel combat tel moyen. A tel adversaire telle arme. Si vous devez aller à l'école pour cela, il faut bien y aller pour acquérir toutes les connaissances utiles, suffisantes et nécessaires. A tout objectif correspond un moyen. Il s'agit d'étudier, de fournir des efforts héroïques, de travailler très ardemment, sans paresse, de persévérer, d'être endurant, courageux, déterminé, volontariste. L'ardeur et la combativité héroïques donnent toujours la victoire aux lutteurs.

Les moyens sont d'ordre à la fois physique, matériel, social, psychologique, intellectuel, culturel. Ainsi votre intelligence et votre habileté personnelles vous donneront les astuces, les stratégies et les tactiques indispensables pour réussir. Elles vous montreront comment utiliser **les autres** comme moyens efficaces pour contourner, briser les obstacles et vaincre toutes les difficultés. On s'autoconstruit en coopérant avec les autres, avec le grand Tout, avec la famille, les camarades, les amis. Ceux-là sont nos ascenseurs, nos échelles, qui nous permettent de réussir, d'atteindre nos cibles si nous savons bien les utiliser, si nous sommes sages, intelligents, habiles. En cas de manque d'intelligence, de sagesse, d'habileté de notre part, ils nous combattront, nous nuiront. Ils seront ainsi nos pires ennemis ou adversaires très redoutables. Ils nous tireront vers le bas. Ils empêcheront notre progrès, notre ascension. Nous sommes dans le monde des hommes inférieurs qui sont dominés par des sentiments négatifs: jalousie, haine, méchanceté, vanité, orgueil, intolérance, égoïsme, cupidité, égocentrisme. Dans ce monde, personne ne veut le succès, le bonheur, le bien des autres. Tous les hommes sont des adversaires entre eux. L'homme est un loup pour l'homme (Thomas Hobbes). L'enfer, c'est autrui (Sartre). Mais nous pouvons transformer un démon en ange. C'est ce qu'il faut faire. Cela dépend de notre attitude d'esprit envers lui, de notre degré de sagesse. Autrui peut donc devenir notre paradis selon Roger Garaudy. Il peut devenir un agneau docile, innoffensif et très utile. Tous les hommes sont frères selon Mahatma Gandhi.

L'auto-construction personnelle requiert beaucoup de vertus personnelles. Elle repose sur la culture de la sagesse. Elle exige que l'on s'approprie toutes les forces et tous les moyens disponibles dans le monde dans la mesure du possible. En réalité, le grand Tout (univers, nature, société) est à notre disposition. Il nous fournit tout ce dont nous avons besoin pour agir, vivre et exister. Le grand Tout est notre source intarissable, notre richesse inépuisable. Nous devons le solliciter et l'exploiter à tout moment pour tous nos besoins existentiels. Il ne nous refuse rien. Il est très généreux, infiniment bon et serviable. C'est un océan dont nous sommes tous des gouttes. Il nous a doté de raison, d'intelligence, de mémoire, d'imagination, d'attention, de volonté, de conscience, d'esprit, de corps. Il nous appartient de savoir et de vouloir les utiliser à nos différentes fins: développement personnel, bonheur, puissance, sécurité, prospérité, réussite, santé, longévité, progrès. Notre développement personnel exige de nous des qualités positives exceptionnelles et non pas des défauts personnels négatifs comme paresse, lâcheté, ignorance, idiotie, égoïsme, individualisme, égocentrisme, crétinisme, passivité, faiblesse, manque d'audace, d'ambition, de volonté, refus du progrès, de réussite, de prospérité, de grandeur, de puissance, négation de soi et du vouloir vivre. Il s'agit de travailler sans cesse, de se former, de se transformer en un être transcendant, omnipotent, omniscient, omniprésent, dans la mesure du possible. Ne sommes-nous pas faits à l'image de Dieu? Sachons que l'homme n'a pas de limite. Mais il peut se limiter lui-même ou se laisser limiter et déterminer par les autres. L'homme est libre, souverain, sauf s'il renonce à sa nature et refuse de s'assumer comme liberté, volonté, puissance.

8

Supériorisme Et Championisme

La philosophie du développement personnel repose sur deux concepts fondamentaux: supériorisme et championisme. Ces deux doctrines sont son épine dorsale, son moteur, son coeur. En effet, ces deux pensées invitent chaque être humain à se transformer en champion, en l'être supérieur. Elles font l'apologie des hommes exceptionnels, des génies, des héros, des champions, des étoiles. Elles soulignent leurs mérites, leurs bienfaits pour l'humanité et le monde. Elles montrent que les hommes d'exception sont indispensables et qu'ils sont le moteur du progrès, du bonheur, de l'existence, de la grandeur, de la gloire, du développement et du salut de l'humanité. Le supériorisme et le championisme nous demandent de mépriser, de condamner et de refuser la faiblesse, l'impuissance, la petitesse, l'infériorité, la médiocrité mais de rechercher, de cultiver les vertus de supériorité, de puissance, de grandeur, d'héroïsme, de bravoure, de génialité. Ils condamnent la lâcheté, le manque de courage, de volonté, de hardiesse, de témérité, d'audace, d'ambition, d'intrépidité chez l'homme. Pour le supécrioriste et le championiste, la supériorité est la seule vraie valeur de l'homme, le meilleur trait qui définit adéquatement l'être humain. Pour lui, c'est cette vertu seule qui donne sens et valeur à la vie humaine, du goût à l'existence, qui rend l'homme digne de lui-même en tant qu'existant.

Autrement dit, avant d'être jugé, classé comme homme supérieur, l'individu n'est rien de plus qu'une sorte d'animal, d'objet, de chose méprisable. Il est donc très important de savoir **comment** l'individu peut évoluer et progresser jusqu'à devenir l'homme supérieur ou un homme exceptionnel.

Qu'est-ce qu'un homme doit faire pour se transformer en champion , en génie, en héros, en étoile? Puisqu'on ne naît pas champion, héros, génie, l'homme doit forcément agir, faire quelque chose pour le devenir. Quelle est la voie à suivre pour le devenir? Cette voie s'appelle la **lutte** pour son développement personnel. C'est un grand travail à faire sur soi-même. Ce travail est celui que Adolf Hitler a fait sur lui-même pour devenir **le guide suprême**, le champion de l'Allemagne. Hitler n'était point, au départ, quelqu'un d'important ni d'exceptionnel. Il n'était point favorisé par sa naissance. Il n'était qu'un petit peintre puis un petit soldat. Après, il s'est battu du bec et de l'ongle pour devenir le très redouté leader, très fervent nationaliste de l'Allemagne, lequel a changé la face du monde. Il a marqué l'histoire universelle d'un trait indélébile. Tous les autres grands dirigeants sur la terre ont accompli cette même tâche héroïque. Tous ont eu un parcours de grands combattants, de braves, de champions, d'héros, de génies. Ils ont dû travailler farouchement sur eux-mêmes pour se transformer en élites, en hommes supérieurs. Dr Kwame Nkrumah, fondateur du Ghana moderne, n'était, au départ, qu'un instituteur dans son village. Après, il s'est transformé en philosophe libérateur, premier Président du Ghana. Il a transformé la colonie britannique appelée Gold Coast en Ghana. Notre coup de chapeau à lui. M. Ronald Regan était, au départ, un acteur de cinéma, un cowboy. Après, il s'est transformé en Président des Etats-Unis d'Amérique. Notre coup de chapeau à lui. Ainsi l'histoire nous enseigne comment on devient champion, héros, génie dans tous les domaines de la vie. Nous n'avons qu'à vouloir suivre la voie tracée par les grands hommes. Il faut lire la biographie des élites, des grands hommes. Cela est utile à notre progrès. C'est une bonne école. C'est motivateur et inspirateur.

Personne ne te fera grand homme sauf toi-même. Personne ne te rendra heureux sauf toi-même. Tous les moyens pour se construire une vie de grand homme sont présents chez chaque individu qui fait partie du grand Tout (nature, société, univers). Il suffit de savoir utiliser les pouvoirs et les forces qui sont en toi (ton corps, ton cerveau, ton esprit, ton intelligence, ton imagination, ta conscience, ta raison, ta volonté, ta mémoire, ton entendement…), dans le monde entier et chez les autres. Tout l'univers et ses lois ainsi que la nature et la société avec leurs lois et leurs puissances sont à ta disposition, à ton service. Exploite tout ça pour grandir et te développer au maximum. **Tu es condamné à devenir grand homme.** Si tu restes petit, faible, médiocre, indigne, pauvre, paresseux, lâche, irresponsable, tu seras dominé, écrasé, malheureux. Tu vas toujours souffrir et disparaître de ce monde qui est une jungle. *L'homme est un loup pour l'homme* (Thomas Hobbes). Les vers de terre, les fourmis sont piétinés et écrasés impitoyablement et impunément. Veux-tu être comme eux ou être un lion qui est craint, redouté, respecté par les autres animaux et les hommes? A toi de choisir. Tu dois choisir évidemment d'être lion. C'est plus avantageux. C'est salutaire. Il faut être lion, roi, pour être en paix, en sécurité et heureux.

On ne naît pas roi, champion. On le devient par le travail. Une fois qu'on est dans le monde, on travaille très, très dur sur soi-même pour devenir tout ce qu'on veut être. Rien ne doit t'empêcher d'être lion, roi, champion, étoile. Tu dois savoir contourner, dominer, vaincre toutes les difficultés, briser tous les obstacles situés sur la voie de ton progrès, de ton ascension (ton élévation spirituelle, intellectuelle, sociale, financière, économique, politique). Tu es le seul responsable (comme agent bâtisseur) de ta vie, de ton avenir. Tu dois écrire ton histoire en lettres d'or et créer ton destin glorieux. L'esclave est responsable de sa condition. Il ne mérite pas la pitié, la compassion des autres. Il est responsable de sa lâcheté, de sa faiblesse, de sa misère. La peur, la lâcheté, la faiblesse et l'imbécilité font des esclaves. Et ces mêmes défauts les maintiennent dans la servitude. Il faut donc travailler sur soi-même et détruire tous ses défauts et toutes ses faiblesses personnels si l'on les possède. Dans ton parcours de champion, tu pourras quelque fois tomber. Mais le plus important est de pouvoir te relever de chaque chute et de continuer ta vie de champion. Il faut pouvoir demeurer toujours très digne et très grand. Muhammad Ali est resté très digne et très respecté jusqu'à sa mort. Le cadavre du lion fait toujours peur. Même mort, le lion reste toujours lion, roi, puissant, redoutable. C'est une icône, une légende. Comme tel, il est immortel.

Pourquoi, avons-nous besoin d'être champions, d'être des hommes exceptionnels, des héros? Quels sont les avantages de l'homme supérieur, du héros? Nous avons besoin de devenir champion, élite, étoile, parce que c'est notre statut normal, légitime, originel. D'après les théologiens, Dieu nous a faits à son image. Il nous a faits rois dans le monde. Mais il s'avère que la société nous rabaisse, nous dégrade, nous asservit. Cela est contre notre nature. C'est anormal, illégitime. Nous sommes partout dans les fers, en cages, aliénés (J-J Rousseau).Nous devons rétablir l'ordre naturel, restaurer notre vrai statut, notre dignité, nous désaliéner, nous libérer de la servitude, des contraintes et de la domination sociétales. Nous devons reconquérir nos libertés, notre souveraineté, tous nos droits naturels volés, supprimés. L'homme est dépouillé de sa force, de sa puissance, de sa dignité, de sa nature. Il est totalement aliéné, réduit à sa plus simple expression. Alors il doit lutter pour reprendre sa vraie place, tout ce qu'il a perdu, tous ses droits. Il doit se réhabiliter, se refaire, s'élever . Il doit lutter pour sortir de la caverne ténébreuse où il est retenu prisonnier, esclave. Platon appelle cela l'ascension dialectique (mythe de la caverne). L'homme doit sortir de la prison pour redevenir lui-même, libre, souverain, roi, guide éclairé de la société. Qui a intérêt à se libérer de sa condition misérable, de son aliénation? Ce sont tous les esclaves, tous les colonisés, tous les aliénés, tous les opprimés du monde entier, c'est-à-dire tous ceux qui sont rendus faibles, miséreux, pauvres, dominés.

9
Le Visionnarisme Et La Démocratie

Pour les philosophes du développement personnel et sociétal, le visionnarisme constitue la base du progrès humain. Le visionnarisme est le moteur de la construction d'un avenir meilleur et salutaire. Cela traduit l'idéal selon lequel l'humanité et le monde doivent être gouvernés par des visionnaires, des idéalistes, des perfectionnistes, c'est-à-dire les plus sages, les plus illuminés, les porteurs de projets glorieux et grandioses en faveur de l'humanité. L'histoire a montré que les dirigeants politiques qui ne sont pas visionnaires (grands rêveurs, assoiffés du progrès) conduisent leurs pays à la dérive, à la catastrophe, à la décadence, au chaos. C'est ainsi que beaucoup de sociétés ont disparu de la terre ou ont régressé dangereusement. L'individu ou le citoyen idéal est le visionnaire. Celui-ci sait gérer sa famille ou son peuple. Il sait rendre les gens prospères, heureux et les sauver. Une société ravagée par la famine, les maladies, la misère, la pauvreté, des catastrophes économiques, politiques, sociales et autres n'a pas de bons dirigeants. Ses gouvernants ne sont pas sages, prévoyants, visionnaires. **Les prophètes politiques** sont des sauveurs. Connaître le futur d'une société, par anticipation, permet de lui éviter des malheurs, des dangers, des calamités. Gouverner, c'est prévoir, prévenir ou prophétiser.

Le dirigeant visionnaire suit un plan méthodique, rationnel dans son action. Il est doté d'une boussole ou d'un GPS qui le guide, qui l'empêche de se tromper de direction, de destination, de se perdre. C'est donc très important et salutaire pour une société ou un peuple de posséder des dirigeants très bien éclairés, très clairvoyants. Cela lui permet de vivre en paix, en sécurité, de progresser et de prospérer. Les aveugles, les borgnes, les myopes, les idiots sont disqualifiés pour les fonctions politiques. Mettons uniquement les visionnaires à la tête de nos pays. Sinon, nous commettons un suicide collectif ou un génocide planétaire. Un peuple qui se laisse gouverner par des fous, des menteurs, des voleurs, des truands, des escrocs, des bandits, des brigands, des barbares, des assassins, des paresseux, des ignorants, des malhonnêtes, ne doit pas se plaindre de la gabegie, de la corruption, du laxisme, du génocide, du népotisme, de l'injustice, de l'arbitraire, de la dictature, de l'abus de pouvoir, du trafic d'influence, de l'anarchie, des détournements massifs des biens, des deniers publics, de la misère populaire etc. Ce peuple insensé, imbécile, a bien mérité ses malheurs. C'est le résultat de son choix, de sa bêtise, de sa folie. Il doit assumer tout ce qui lui arrive. Si un troupeau de moutons se choisit un lion comme son berger, à quoi doit-il s'attendre ? Il est responsable de son malheur. Il doit l'assumer.

Il faut donc créer une **société méritocratique, aristocratique** (selon Platon), visionnariste qui favorisera le progrès, le bonheur et le salut de chacun et de tous. L'idéal de l'humanité est de pouvoir exister dans une société qui exclut la loi de la jungle, qui empêche chacun d'être un loup pour chacun. La société doit donner à chacun la chance de s'épanouir au maximum au prix de son effort, de son travail et de sa sagesse. Nous, philosophes du développement personnel, voulons une société qui favorise le développement des talents, de la génialité, l'héroïsme, le championisme, la création des hommes supérieurs. Nous voulons une société qui supprimera la souffrance, la misère et la pauvreté de la plupart, l'injustice, l'arbitraire. La société humaine actuelle constitue un facteur de dégradation et de dégénérescence générales. L'ordre, la discipline, la solidarité, l'union, la fraternité, la sagesse n'y sont pas. Elle favorise la culture de la faiblesse, de la fainéantise, de la médiocrité, de la barbarie, de l'anarchie, de la bêtise, de l'ignorance, de la bassesse, de la petitesse. D'où les grands malheurs, les grands dangers et les calamités qui nous accablent tous les jours. La tendance générale actuelle est de détruire le monde et de supprimer l'humanité par l'usage des poisons ou des armes biologiques, bactériologiques (bio-terrorisme). Il y a un génocide planétaire en cours favorisé par le progrès scientifique et technologique. Cela consiste, pour tous les gouvernements, à inoculer de force, arbitrairement, hypocritement, et par le mensonge, des poisons dans le corps de tous les habitants de la terre. Ces poisons ont pour rôle de stériliser, d'handicaper et de tuer sur le champ, à moyen terme ou à long terme, la plupart des habitants de la terre. Tel est le but inavoué ou le rôle de la vaccination obligatoire de toute la population mondiale soi-disant contre la covid-19. Les auteurs et les acteurs de cette tragédie ou de ce carnage planétaire, de ce bio-terrorisme sont tous les mondialistes qui ont créé la covid-19. Ce sont les eugénistes, les transhumanistes, les covidistes, les vaccinistes, les oligarques et les ploutocrates capitalistes.

Tout ce grand brigandage mondial ou crime suprême contre l'humanité se joue dans un cadre institutionnel (politico-économique) appelé démocratie libérale, capitaliste. Cette démocratie est, en vérité, une dictature très sanguinaire, hypocrite, sournoise, voilée par des pseudo-élections, des élections truquées dans tous les pays. Cette pratique mafieuse, terroriste, met en place, dans chaque pays, une équipe dirigeante satanique, franc-maçonnique, qui organise la prédation et la domination impérialiste, néo-esclavagiste, néo-colonialiste. Ce système inique et cynique de pillage et de domination n'épargne pas la vie de ceux qui lui résistent, le dénoncent, le critiquent ou élèvent la voix pour le blâmer et le condamner. Il tue tous les Présidents révolutionnaires qui refusent de servir ses intérêts immoraux, diaboliques, criminels. Il assassine tous les Présidents indépendantistes, souverainistes, nationalistes et patriotes. Ainsi il a tué John Pombe Joseph Mangufuli (Tanzanie), Idris Deby Itno (Tchad), Thomas Sankara (Burkina Faso), Mouamar Kadhafi (Libye), Patrice Emery Lumumba (Congo), Kwame Nkrumah (Ghana), Sékou Touré (Guinée), Modibo Kéita (Mali), Sylvanus Olympio (Togo), Haïlé Sélassié (Ethiopie), Jovenel Moïse (Haïtie). La liste des victimes de ce système diabolique est illimitée. Cette oligarchie capitaliste fait la guerre à tous les peuples faibles et incapables de se défendre. Elle leur impose des Présidents criminels, génocidaires, barbares qui favorisent sa prédation impérialiste. Cela se passe partout, en Europe, en Afrique, en Amérique, en Asie, en Océanie.

La théologie judéo-chrétienne affirme que Dieu a créé l'homme à son image. Et l'homme doit accomplir les volontés de Dieu, suivre ses lois. La pensée visionnariste veut que l'homme fasse réellement les volontés de Dieu (qui est amour, bonté), qu'il soit absolument pur, saint, parfait, omnipotent, omniprésent, omniscient. Le visionnarisme se veut une pensée perfectionniste, créativiste, progressiste, régulatrice. Il veut promouvoir le développement complet et salutaire de l'homme. C'est une philosophie perspectiviste qui vise à construire l'homme idéal dans l'esprit des individus. Il fait vivre les valeurs de l'homme supérieur par ces derniers. Le visionnarisme est une école axiologique, révolutionnaire, transformatrice de l'homme ordinaire, vulgaire, inférieur.

10
Le Valorisme

La philosophie du développement personnel et sociétal emploie le concept de valorisme pour traduire un idéal très élevé. En effet, le valorisme est la pensée qui demande à chaque homme de se mettre en valeur, c'est-à-dire de se donner des qualités exceptionnelles ou de mettre sa valeur en valeur. Comment? Pourquoi? Sachons que chaque personne a des qualités exceptionnelles latentes, inutilisées. Sa valeur est l'ensemble de ses qualités et de ses défauts. Notre valeur comprend nos traits physiques, moraux, intellectuels, psychologiques, esthétiques. Les traits moraux sont les vertus et les vices. Les traits physiques sont les formes, l'apparence (teint, couleur de la peau, taille, poids...). Les traits intellectuels sont les connaissances, les savoirs, l'érudition, la culture. Les traits psychologiques sont constitués par le caractère, le tempérament, l'intelligence, l'entendement, l'attention, la mémoire, l'habileté, la volonté, les sentiments, les émotions, l'imagination. La philosophie du développement personnel et sociétal veut que l'individu mette sa valeur insoupçonnée à son profit et au profit de la société. Il faut réveiller son esprit endormi, le scruter et l'exploiter. Cela s'appelle se mettre en valeur, mettre sa valeur en valeur, vendre sa valeur ou l'échanger contre les biens ou la valeur des autres. Notre vie sociale, professionnelle, repose sur ce genre de commerce.

C'est cela le travail. Travailler, c'est en effet rendre service aux autres moyennant rémunération ou quelque chose. C'est échanger sa valeur contre la valeur des autres. C'est se vendre aux autres ou monnayer sa valeur. C'est aussi investir sa personnalité et produire des biens ou des choses utiles à l'humanité. Le travail est du commerce et il est toujours intéressé. Le valorisme conseille de se rendre très utile à soi-même et aux autres, à travers un échange juste, équitable. Il faut, avant tout, connaître ses mérites, sa valeur et connaître ceux des autres dont on a besoin. Il faut vendre de très bons produits aux autres. Il s'agit donc de mettre sa valeur en valeur ou en jeu. C'est une sorte de vente aux enchères qui crée une compétition féroce autour de sa valeur posée comme une marchandise inestimable. Ton prix doit être très compétitif. Il faut être très vendable, très cher et très désirable dans la vie sociale et partout. Il faut éliminer tous tes défauts, tous tes vices et toutes tes faiblesses personnels car tu es confronté à la valeur ou au prix des autres. Nous sommes dans une très rude compétition universelle, dans une concurrence impitoyable et il nous faut absolument gagner, remporter la victoire, être champion mondial. Alors que faire?

Nous devons travailler sur notre nature, notre caractère, notre tempérament. Les autres ne nous acceptent pas avec nos défauts, nos vices. Il nous faut développer notre nature ou notre valeur positive au maximum. C'est ce que nous avons à montrer et à vendre aux autres. Il faut absolument supprimer ses défauts, ses vices, afficher et vendre ses vertus, tes merites, ta force, ta puissance, ta grandeur comme des marchandises idéales, des biens indispensables. Ta force, ta beauté, ta puissance physiques, intellectuelles et morales sont utiles et nécessaires aux autres. Ils achèteront cela mais pas ta laideur, ta faiblesse, ton impuissance. Tes connaissances, ton savoir, ton savoir-faire sont vendables et non pas ton ignorance. Ton courage, ton endurance, ton ardeur et ta puissance de travail sont recherchés et non pas ta paresse, ton absentéisme, ton laxisme, ton idiotie, ta peur, ta lâcheté, ton incompétence, ton improductivité, ton inefficacité, ta mauvaise foi, ta mauvaies volonté. Les gens ont besoin de ta bonté, de ta gentillesse, de ta générosité, de ta gaieté, de ta bonne humeur, de ton indulgence, de ta tolérance et non pas de ta mauvaise humeur, de ta colère, de ton agressivité, de ta méchanceté, de ta barbarie, de ta cupidité, de ton égoïsme, de ta jalousie, de ton impolitesse, de ta haine, de ton cynisme. Ils ont besoin de ta patience, de ton attention, de ton intelligence, de ta solidarité, de ta sociabilité, de ta vivacité d'esprit, de ta curiosité scientifique et non pas de ta misanthropie, de ton indiscipline, de ton indiscrétion, de ta lourdeur et de ta lenteur d'esprit. Voilà tes qualités positives que tu peux vendre au monde et tes défauts que tu dois absolument abandonner pour pouvoir être utile, agréable et rentable sur le marché mondial. Sache que tu dois pouvoir te vendre dans le monde entier et que tu es un commerçant universel. Tout le monde a besoin de tes services et, réciproquement, tu as besoin de prendre quelque chose aux autres pour t'enrichir et t'accomplir. C'est pourquoi tu dois te valoriser au maximum aux yeux de tout le monde. Sois une denrée très précieuse sur le marché. Sois un produit de très haute qualité qui est recherché par tous. Sois la marchandise la plus précieuse, la plus désirée, la plus utile, voire indispensable. Tout étudiant en philosophie du développement personnel (partisan du valorisme) doit pouvoir se vendre très cher au monde. Il doit coûter plus cher que tous les produits du monde. Voilà ta valeur. **C'est toi-même qui dois fixer ton prix sur le marché et non personne d'autre.** Pourquoi? Parce que tu n'as pas de prix. Tu es plus cher que tous les prix. Valorise-toi infiniment. Tu es dans le valorisme qui fait de toi la valeur suprême et absolue. Ta valeur est supérieure à toutes les valeurs du monde. Exploite à fond le valorisme. Il est la voie de ta gloire. «Connais-toi toi-même» (Socrate). Connais ta valeur. Celui qui ne connaît pas sa valeur n'a pas de valeur. Il se donne en cadeau aux gens. Et personne n'a besoin de lui. C'est quand tu es très cher que le monde te reconnaît comme valeur et que les gens ont besoin de toi et de ta valeur parce que tu leur crèves les yeux. Tu es très visible. Les milliardaires en dollars américains te disputeront. Ils se battront à mort pour t'acheter très cher. Le valorisme t'apprend ici que tu détiens la clé de la vie, du bonheur, de la puissance et du monde entier entre tes mains mais que tu ignores cela jusqu'à ce jour, avant que tu ne lises ce livre. Cette clé, la plus précieuse de la terre, **c'est toi, avec ton intelligence.** Tu ignores que tu es le trésor le plus rare et le plus précieux. A partir de maintenant, change ton attitude vis-à-vis de toi-même et vis-à-vis du monde. Mets-toi réellement en valeur. Valorise-toi. Connais ta nature, ta place, rends-toi très cher et très vendable. Les juristes disent que celui qui ignore ses droits n'a pas de droit. Toi, tu connais tes droits maintenant. Donc tu as des droits.

11

Le Volontisme

Le volontisme est un néologisme créé par nous à partir du mot volonté. C'est un autre outil clé de la philosophie du développement personnel. C'est la pensée qui enseigne les vertus de la volonté comme réalité psychologique capitale. Selon cette philosophie, vouloir, c'est exister et ne pas vouloir c'est quitter la vie, le monde et soi-même. Ne pas vouloir, c'est renoncer à tout , refuser de vivre, d'être heureux, d'être homme, d'être grand, puissant. Car la volonté est le moteur, le ressort, le pilier central du monde, de la vie, du progrès, de la prospérité, du bonheur, du développement personnel. Tout ce qui est fait dans le monde est le fruit de la volonté. Cela est absolument dû à la volonté de puissance. C'est la volonté qui s'est manifestée dans le temps et dans l'espace. La volonté se déploie sans cesse dans le monde. Ses manifestations grandioses ou les plus significatives dans le monde s'appellent histoire en tant que comportements ou actions de l'homme. C'est dire que le monde et la civilisation ont été créés par la volonté, c'est-à-dire cette force, cette puissance et cette flamme qui se trouvent en nous, dans notre coeur, notre esprit et nos muscles. Comment devons-nous désormais l'utiliser, en tant que volontistes, c'est-à-dire philosophes du développement personnel, pour atteindre nos buts? Notre préoccupation est essentiellement pratique. Il s'agit de donner des recettes stratégiques aux hommes faibles, inférieurs, qui n'utilisent pas leur volonté, leur imagination, pour se réaliser, grandir, progresser, s'élever au-dessus de leur condition première, naturelle, animale, sociale, déplorable, indigne et inacceptable.

Toi, que veux-tu? Que veux-tu faire? Que veux-tu être dans ce monde? Il te faut absolument vouloir quelque chose, chercher à être quelqu'un de très grande valeur. Il te faut choisir d'exister et non pas de vivre simplement, sans dignité, sans honneur, sans gloire, dans la faiblesse, la médiocrité, l'obscurité, l'anonymat, sans puissance. Cherche à être étoile, lumière, pour éclairer les autres, le monde. Il te faut être un modèle, une source d'inspiration pour les autres, comme l'homme supérieur. Vouloir, c'est agir, travailler, fournir des efforts très intenses, exceptionnels pour atteindre un objectif glorieux. Tu entres dans une lutte très acharnée contre toi-même (tes défauts) et contre les autres, c'est-à-dire contre tous les obstacles situés sur ta voie. Tu es très ferme, très déterminé. Tu es prêt à réussir, à triompher ou à mourir. Tu es habité par la rage implacable de vaincre comme le sont tous les champions de la terre (Muhammad Ali, Bruce Lee, le Roi Pele, Magic Johnson, Simone Biles, Gabby Douglas, Jess Owens, Mike Tyson). Tu t'ai donné une mission: être ceci ou cela. Tu dois le devenir ou mourir. Tu mets ta pauvre vie enjeu pour pouvoir exister, c'est-à-dire briller, dominer, être roi, héros, champion, étoile, élite. Tes armes, tes conseillers et tes guides sont ta volonté, ton volontisme, ton valorisme, ton visionnarisme, ton supériorisme, ton championisme, ton héroïsme, ta conscience prospective, ta responsabilité prospective. En somme, c'est ta personnalité et ta philosophie du développement personnel qui fait grandir ses adeptes et ses pratiquants sérieux. Tous les champions, héros et génies de ce monde sont dans cette école. Tous sont volontistes, supérioristes, valoristes, visionnaristes, championistes, héroïstes. Ils ont la conscience prospective et la conscience perspectiviste. Tous ont choisi de devenir très grands, très puissants et très forts. C'est une question d'ambition, de lutte, de passion, de travail. On peut partir de rien pour arriver au sommet de la gloire comme étoile. Lisez l'histoire des champions, des étoiles, des héros. Etudiez leur vie, leurs stratégies, leurs manières. Cela va vous inspirer des choses à faire, des choses que vous devez savoir et faire pour grandir, prospérer et briller.

Chacun choisit une voie, ou un itinéraire, en fonction de sa personnalité, de son goût, de son caractère, de son tempérament. La volonté est associée à la raison qui est la faculté de calcul, d'évaluation. Vouloir quelque chose, c'est le penser, l'étudier, l'évaluer. C'est réfléchir, être conscient de son projet. Etre conscient signifie étymologiquement **tout savoir**, être éclairé au maximum sur soi-même, sur les choses, sur le monde, les situations. Il s'oppose à l'ignorance, à l'inconscience. Il est de la même famille que le mot science. La volonté implique le calcul, la réflexion, le jugement, la sagacité, la lucidité d'esprit, la délibération, la décision et l'action (exécution de la décision prise en connaissance de cause). On peut associer la volonté à la passion dans ce contexte précis. La raison décide ce qui est juste, bon, utile, salutaire pour l'humanité. Et la passion veut que l'on agisse pour l'obtenir. La passion exige l'action, c'est-à-dire l'application, la réalisation de la décision rendue par la raison. Le tout constitue la volonté.Volonté, raison, passion, action marchent toujours ensemble, la main dans la main. Ce sont des soeurs inséparables. Elles sont à notre disposition. Elles nous aident à devenir étoiles, héros, champions. Il n'y a jamais eu de succès ni de victoire pour l'homme sans l'utilisation conjointe de ces quatre forces qui sont nos outils et armes pour notre lutte quotidienne. Volonté (ambition) d'où raison, conscience, passion et action. Telle est l'expression simplifiée de la philosophie du développement personnel dans notre vie quotidienne. Telle est la manière dont elle fonctionne. On peut résumer cela par ces mots américains: do not give up; never give up. You can, just do it (n'abandonne jamais ton combat.Va jusqu'au bout. Tu peux et tu dois gagner). Sois toujours et partout victorieux. Cette pensée a construit la puissance américaine. C'est la mentalité américaine que j'ai étudiée pendant dix ans: championisme, volontisme, supériorisme, héroïsme, élitisme, gigantisme. C'est le courage, la tenacité, la perspicacité à l'extrême en Amérique. C'est la concurrence très rude et impitoyable en Amérique (voir mon livre intitulé **La Philosophie de la puissance américaine**). Il faut forcément gagner. Sois champion. Sois vainqueur. Tel est le sens idéal de ta vie. Cela te fait exister. Exister, c'est dominer, triompher de l'adversité. C'est sortir de la difficulté, de la médiocrité, de la souffrance, du danger. C'est sortir du néant et être champion. C'est devenir supérieur, le meilleur par la bravoure, le courage, l'audace, l'intrépidité, l'intelligence, la volonté, l'imagination. C'est utiliser tes forces et les forces des autres contre l'adversité. Les karateka et les judoka le savent très bien. C'est ce qu'ils font pour être champions. Cela procède de la ruse, de l'habileté. C'est un jeu d'adresse et d'intelligence. Seules l'idiotie, l'imbécilité et le manque de volonté peuvent t'empêcher de réussir et d'exister.

On ne peut point réussir, triompher grâce à des défauts comme sottise, idiotie, paresse, peur, lâcheté, faiblesse. C'est pourquoi, il faut d'abord s'étudier, se connaître et détruire tous ses défauts et toutes ses faiblesses. Les faibles ne gagnent point leurs luttes. Seuls les héros et les braves ont droit au plaisir et à la joie de la victoire. Eux seuls sont vraiment heureux. Tu es un soldat, un guerrier. Comme tel, tu ne dois point donner la chance à tes ennemis de te tuer. Un champion ne donne point la chance à son adversaire de le battre. Il ne doit pas perdre son titre de champion qui lui est si cher, si précieux, qui lui permet d'exister comme homme supérieur. Il le protège de toutes ses forces. Il fait tous les nécessaires pour demeurer champion à vie. Tel doit être ton souci. Vaincre et toujours vaincre. Gagner et toujours gagner. Cela est obligatoire pour te maintenir en vie comme icône indestructible. Une étoile ne meurt jamais. Le soleil ne s'éteint jamais. Il est soleil ou il ne l'est pas. Sois toujours toi-même comme étoile et reste immortel.

12

L'imaginationisme

L'IMAGINATION EST UNE FACULTÉ très précieuse. C'est un outil indispensable à la philosophie du développement personnel. Elle permet à l'homme de se recréer et de progresser dans sa vie. C'est un facteur essentiel de son auto-développement. Chez l'homme, tout commence par exister dans l'esprit sous forme d'image. Le travail de l'imagination est donc fondamental. En effet, l'imagination est le lieu où on prépare l'avenir. C'est la matrice, l'ovaire du futur bébé ou la fondation de la maison à construire. L'imagination nous permet de voyager partout, gratuitement, sans effort et sans nous déplacer, dans tout l'univers, et de visiter toutes les réalités et toutes les choses les plus lointaines. Quels avantages et quels privilèges!L'imagination nous fournit gratuitement tous les matériaux pour construire notre avenir, notre bonheur, notre vie. Elle est toujours à notre disposition et fait tout pour nous. Nous sommes ses bébés gâtés. Nous lui tendons la main pour tous nos besoins et elle nous donne tout sans rien exiger de nous. C'est Dieu vivant en nous, comme créateur primordial, omnipotent, omniprésent, omniscient. L'imagination est notre serviteur désintéressé, bénévole et notre meilleur guide éclairé de tout moment.

Pour la philosophie du développement personnel, l'homme n'est pas assez homme. Il n'est pas suffisamment homme. L'individu doit, par conséquent, se vouoir pleinement homme s'il veut exister. Il doit se reconstruire de façon permanente à partir de son imagination qui ne tarit jamais. L'imagination est une fonction de l'esprit qui nous promène partout, dans le monde. Elle peut nous offrir tout sans peine, sans souffrance de notre part. L'homme doit chercher perpétuellement la grandeur, la perfection, la puissance, la gloire, l'honneur, le bonheur infinis. L'individu doit toujours rêver, imaginer et agir pour se donner tout ce que la société, le monde ou autrui ne lui ont pas donné. Il doit se prendre en charge. Il n'est pas un bébé qui doit être gâté, dorloté, caressé à tout moment par les autres. C'est un lutteur placé dans la jungle. Il est entouré par une multitude de lions affamés qui veulent le dévorer. Son devoir salutaire consiste à imaginer les armes de sa défense ou la possibilité de vaincre ses ennemis qui le menacent. Son seul secours et son seul recours constituent son imagination créatrice. Celle-ci peut lui trouver une solution adéquate à son problème sécuritaire. L'imagination est associée à l'intelligence, à la raison et à l'action dans la dynamique de la guerre de tous contre tous, de la légitime défense et de l'auto-défense. Telles sont les forces, les armes, pour un homme en danger, qui sont fournies par la philosophie du développement personnel. Si cette philosophie a introduit l'imagination dans son enseignement, c'est que l'imagination représente à ses yeux un instrument de grande valeur et indispensable. En effet, l'imagination est une arme, un instrument et une force incontournables et indispensables. C'est elle qui a construit le monde, la société, la civilisation avec toutes leurs institutions et toutes leurs valeurs. Toute chose qui se trouve dans le monde, comme œuvre humaine, a commencé d'abod par exister comme image ou idée dans l'esprit. L'homme pense, imagine ses œuvres dans son esprit avant de les réaliser, c'est-à-dire de leur donner une forme concrète, matérielle, objective. Sans imagination, il n'y a pas de réalisations artistiques, techniques, scientifiques, d'organisation sociétale, politique, économique, culturelle, civilisationnelle. La maison dans laquelle je vis à d'abord été conçue comme image, idée, par la puissance cervicale. Le cerveau a créé l'image, l'idée de cette maison comme plan, modèle. C'est après cela que la maison a été bâtie matériellement sur le sol. Il en est de même pour la voiture que je conduis ainsi que tous les autres biens, objets, machines, outils, instruments qui meublent notre monde et qui facilitent notre vie. Cela souligne assez le rôle majeur et la puissance infinie de l'imagination dans la construction du monde, de la vie, de la société et de la civilisation.

Avec l'imagination, nous pouvons tout faire pour nous. Notre avenir dépend de notre imagination qui est un outil infaillible, comme arme privilégiée et absolument efficace. Il nous suffit de la solliciter, de la mettre en action et notre problème est résolu. Nous devons lui faire confiance et en faire un très bon usage à chaque moment. C'est notre force et notre puissance intérieures inépuisables. Elle a engendré la connaissance et le savoir. Philosophie, Science, technique, religion, droit, morale, valeurs et institutions lui sont redevables. Ce sont ses produits. Elle est la souche de la vie humaine qui repose entièrement sur la créativité, l'inventivité, les recherches et les découvertes des génies, des penseurs, des sages, des héros, des élites, des illuminés (l'homme supérieur). Elle est à la base de toute action, de toute entreprise et de toute réalisation humaines et sociétales de valeur. C'est la première panacée. C'est pourquoi, tout bon philosophe du développement personnel te conseillera de t'en servir au maximum, sans arrêt, partout et à tout instant. L'imagination ne nous coûte rien du tout. Elle est absolument gratuite. Et ses bienfaits dans notre vie sont indénombrables. Ils s'étendent à l'infini. Tout progrès provient d'elle. Toute découverte provient d'elle. Toute invention provient d'elle. L'homme d'action doit s'en servir (politiciens, gouvernants). Gouverner, c'est prévoir, imaginer, planifier les choses, les faits, les problèmes, les situations. L'homme de connaissance ne peut pas se passer de l'imagination. Les recherches et les découvertes scientifiques, philosophiques, les inventions techniques sont l'oeuvre de l'imagination. Les régimes ou systèmes politiques, idéologiques, économiques, sociaux, religieux, culturels, spirituels proviennent de l'imagination. Celle-ci est donc la racine, la fondation de toute œuvre humaine, de toute inventivité et de toute créativité.

L'imagination fait partie de la pensée. Comme telle, elle constitue notre nature profonde, psychique. Elle est indomptable, inaliénable. Rien ne peut la supprimer de l'extérieur, la censurer ni l'empêcher de fonctionner. Elle est libre, souveraine, autonome. C'est elle qui nous conditionne ou nous détermine. Elle nous pousse dans telle ou telle direction comme bon lui semble. Aucun gouvernement, aucun policier, aucun tribunal ou aucune justice ne peuvent l'arrêter, la réprimer, l'emprisonner. Elle est une force transcendante. Ainsi elle nous affranchit de toutes les contraintes extérieures, physiques, sociétales, politiques, étatiques, économiques, sociales, cultutrelles, spirituelles, religieuses, morales, juridiques. Elle se met au-dessus de toutes les forces intérieures, extérieures et se nourrit d'elles. Toutes les réalités physiques, sociétales, cosmiques, naturelles l'entretiennent gracieusement, lui donnent de la matière, de la nourriture, de la substance et la renforcent. Alors elle ne peut point disparaître, mourir. Elle est substile, abstraite, invisible, mais omniprésente et omnipotente. Elle a créé Dieu à l'image de l'homme-roi, des forces invisibles, effrayantes (dragon, ange, lucifer, satan, démon, sirène, licorne, enfer, paradis) qui nous malmènent psychologiquement. Elle a engendré les superstitions religieuses, philosophiques, mystiques, mythiques, les préjugés de toutes sortes comme forces dominatrices, transcendantes, qui agitent notre personnalité, perturbent notre esprit, troublent nos comportements. L'imagination est véritablement la reine suprême de notre cerveau et du monde. Voilà pourquoi la philosophie du développement personnel te la recommande comme ton guide idéal. En effet, cette recommandation se base sur le fait que l'imagination peut te libérer de toute contrainte et de toute répression extérieures et intérieures (autocensure) et te permettre de te bâtir un monde fanfastique de liberté créatrice. L'imagination est tellement puissante qu'elle résiste victorieusement aux émotions et aux sentiments répressifs et destructeurs appelés peur, honte, crainte, pudeur, etc. que nous inspirent nos autorités politiques et religieuses intolérantes, barbares, violentes du monde. Par la puissance de notre imagination, nous les bravons, dominons. Nous contournons leur pouvoir dictatorial, liberticide. L'imagination n'est pas contrôlable ni maîtrisable. Elle fait ce qu'elle veut, va où elle veut, quand elle veut. Elle construit l'homme supérieur et l'homme libre. Il faut te servir de ton imagination pour résoudre tous tes problèmes. Imagine-toi très grand, très puissant, très fort. Crée ton image de champion, de héros que tu veux être et lutte, travaille à la réaliser. Imagine-toi roi, président, Dieu ou tout ce que tu veux devenir et agis puissamment pour réaliser cela dans ta vie. Crée l'homme supérieur que tu veux être dans ton imagination. Sois hanté, possédé, obsédé par lui. **Vis avec lui et deviens lui**. Permets à ton imagination de te transformer en l'homme supérieur. Tel est le message de la philosophie du développement personnel par rapport à l'imagination.

CONCLUSION

La philosophie du développement personnel est née sous notre plume de la manière dont elle se présente ici. Elle vous a démontré sa nécessité, son utilité. Elle a justifié sa présence dans le monde. Elle se met à votre service avec dévotion. Vous pouver l'utiliser, l'exploiter à satiété, indéfiniment, dans votre vie quotidienne. Elle se présente à vous comme un ensemble de recettes pratiques, efficaces et stratégiques. Elle vous aide à gérer votre vie dans ses détails et toute sa complexité. Faites-lui confiance. C'est votre meilleure compagne, votre meilleure amie, votre guide éclairée. Ce livre est votre vademecum, votre viatique. C'est votre livre de chevet. Il vous aide à vous prendre en charge, à vous émanciper, à vous libérer de toute domination extérieure nuisible à votre développement idéal, à votre progrès sans limite, à la construction de votre personnalité idéale. La philosophie du développement personnel est une discipline pratique qui repose sur un travail personnel, volontaire sur soi-même. Elle est comme les disciplines sportives, spirituelles, psychologiques. On fait, par exemple, du yoga, du karate, du judo, de la gymnastique pour développer sa force, sa puissance mentale, musculaire, sa souplesse, pour cultiver la santé, le bien-être, l'endurance, le courage. La philosophie du développement personnel apprend à l'individu à se connaître et à utiliser ses facultés supérieures pour créer son développement personnel parfait. Elle l'aide à croître ses capacités physiques, mentales, cognitives afin de se faire une très bonne place dans la société, dans le monde. Elle se veut une lampe, une boussole, un GPS qui éclairent, orientent, informent un voyageur sur sa destination, sa direction et son itinéraire. Son rôle est pédagogique et didactique. La philosophie de Platon, de Nietzsche, de Karl Marx en sont de bonnes illustrations. Ces trois penseurs ont cherché le développement de l'homme, son plus grand bonheur et son salut à leurs manières. A chaque penseur, sa personnalité, sa mentalité et sa culture. Pour l'essentiel, chacun d'eux a montré que les hommes doivent s'améliorer et progresser vers un certain idéal. Cet idéal varie d'un philosophe à l'autre. Tout dépend des époques, des sociétés, des cultures, des mentalités, des situations, des circonstances. La démarche ou la méthode philosophique n'est pas non plus la même pour tous les philosophes. Tout est à relativiser ici.

En général, la philosophie du développement personnel montre que les hommes doivent s'améliorer, progresser, se libérer de la domination, de l'oppression, de la souffrance, de l'aliénation, de l'avilissement pour devenir souverains, autonomes, maîtres de leurs destins, briller et contrôler le monde. Les philosophes ont tracé diverses pistes pour le progrès, l'élévation de l'homme et de la société. Ce sont des visionnaristes, des supérioristes, des volontistes, des championistes, des élitistes, des revolutionnaristes. Ils enseignent des idéologies de la rupture d'avec la faiblesse, l'impuissance, la lâcheté, la petitesse, la bassesse, la soumission, l'ignorance, l'obscurantisme. Ils sont contre les lois et les institutions esclavagistes, colonialistes, prolétaristes, aliénationistes fabriquant l'homme inférieur. Ce sont des penseurs de la liberté, de la dignité, de la grandeur, de la puissance, de la justice, du bonheur, du salut. Ils ont ainsi contribué à changer le monde à leurs manières. Tout est relatif au temps, à l'espace, à la culture, à la mentalité etc. Grâce à leur philosophie du développement individuel et collectif, les faibles, les dominés, les opprimés, les exploités, les esclavagisés, les colonisés sont devenus libres, maîtres de leurs destins, dignes. Des régimes sociaux, politiques, économiques, culturels ont été abolis et remplacés par d'autres systèmes pensés et construits par eux (Les **Lumières** en Occident). Platon a proposé l'aristocratie contre la démocratie grecque (**La République**). Nietzsche a proposé l'aristocratie guerrière contre le système sacerdotal et les idéaux ascétiques européens (**La Volonté de puissance, Le**

Nihilisme européen, La Généalogie de la morale, Par-delà le bien et le mal). Rousseau, qui est platonicien, a proposé un système semblable à celui de Platon, c'est-à-dire une sorte de monarchie ou d'aristocratie élective, constitutionnelle (**Du Contrat social**). Karl Marx a proposé le communisme contre le système libéral, capitaliste qui doit être réalisé par la révolution des prolétaires. Chaque époque a ses philosophes de rupture, de changement. Les philosophes de la rupture n'aiment pas les systèmes socio-politiques et culturels qui fabriquent les hommes inférieurs, les nains, les idiots, les faibles, les impuissants. Ils s'érigent en justiciers de la société, de l'humanité. Ils sont connus pour leur sens très critique envers l'ordre injuste, inégalitaire, dictatorial, barbare et leur volonté de changement du monde. Cela les met fréquemment en conflit avec leurs sociétés et en danger de mort. Socrate, le maître de Platon, a été tué. Sénèque, qui critiquait la tyrannie de l'empereur Néron, a été tué. Platon a été vendu comme esclave. Cicéron a été tué. Thomas More a été tué. Jean Jaurès a été tué. La liste de ces meurtres est très longue. Philosopher, c'est apprendre à mourir. Cela en dit long. Cela en dit tout. En effet, la vocation générale, régalienne et légitime de la philosophie est la revendication et la provocation de la rupture de l'ordre, l'amélioration ou le changement de la société. C'est la même chose pour la pensée scientifique qui favorise la critique radicale, la polémique et la révolution intellectuelle au profit du progrès. La philosophie opte toujours pour la perfection morale et intellectuelle. C'est une entreprise idéaliste et perfectionniste. Elle tient absolument à transformer l'homme et la société. Elle travaille pour le développement de la conscience perspectiviste et de la conscience prospective. Elle développe également la responsabilité prospective de l'humanité. Ainsi décrite, la philosophie s'avère indispensable car elle joue un très grand rôle dans le développement historique, permet d'éviter, lorsqu'elle est écoutée et appliquée, la décadence des sociétés. Elle joue un rôle pédagogique à l'égard de l'homme et de la société. Elle doit toujours agir puissamment sur ces deux entités malgré le prix très lourd qu'elle paie parfois pour accomplir cette mission. Rien ne doit la détourner d'elle-même ni de son travail. Pour combattre et supprimer la philosophie, il faut encore philosopher. On combat la philosophie par la philosophie. Donc la philosophie est éternelle. Elle est immortelle, insupprimable. C'est le propre de l'homme, c'est l'esprit humain en marche dans la lumière qui combat l'obscurité. Et cette obscurité, ennemie de l'humanité et de la société, ne peut jamais éteindre la lumière de la lampe. C'est plutôt le contraire qui est vrai, naturel et possible. La lampe, c'est la lumière de la raison. Elle est indispensable, nécessaire. L'esprit humain ne peut pas ne pas être esprit. Comme il existe, il ne peut pas ne pas fonctionner. Il doit forcément fonctionner, jouer son rôle naturel, légitime et régalien: penser, critiquer, déconstruire, construire, dire non. « Je pense donc je suis», a dit René Descartes. L'homme authentique est la pensée en acte ou substance pensante. Exister, c'est donc à proprement parler penser philosophiquement, scientifiquement. Telle est notre nature à nous, les êtres humains. Telle est notre définition philosophique. Telle est aussi notre valeur selon la métaphysique cartésienne.

Nous sommes faits hommes pour penser notre vie, le monde, les choses, comprendre, connaître, savoir. C'est ainsi que nous nous construisons comme des êtres supérieurs. Cela nous distingue des animaux, des choses, des objets. Cela nous donne de la dignité, de la force et de la puissance sur l'univers, la nature et sur nous-mêmes. Cela nous rend comme maîtres et possesseurs de la nature, du cosmos. (Descartes). La pensée nous assure les moyens puissants de notre sécurité, de notre bonheur, de notre autorité, de notre supériorité. Elle nous fournit les instruments et les armes les plus redoutables que sont la science et la technique. Je pense donc je crée ma puissance infinie. Je pense donc je domine le monde et tous les êtres. Je pense donc je sais que je suis l'image de Dieu, l'être transcendant, l'être omnipotent, omniprésent, omniscient. Je pense donc je peux savoir me gouverner et me diriger vers le bien et ce qui peut faire mon bonheur, mon développement. Ce quelque chose qui me guide et me fait grandir pour devenir étoile, génie, héros, champion, sage s'appelle la *philosophie du développement personnel*.

RÉSUMÉ DU LIVRE

LA PHILOSOPHIE DU DÉVELOPPEMENT **personnel** est une matière qui fournit des idées régulatrices ou opératoires comme outils de l'auto-construction. Son objet est de créer des hommes exceptionnels, meilleurs, supérieurs. C'est l'école de la grandeur et de la puissance personnelles et collectives.

BIOGRAPHIE DE L'AUTEUR

D<small>R F</small>RANÇOIS A<small>DJA</small> A<small>SSEMIEM</small> est né le 15 mars 1954 en Côte d'Ivoire. Il a étudié les lettres classiques (latin et grec), les sciences humaines et la philosophie. Diplômé en philosophie (Doctorat d'État) et en sociologie (Licence), il s'est consacré à l'enseignement de la philosophie à l'université, à l'écriture et à la recherche académique. Il parle et écrit trois langues vivantes que sont le français, l'anglais et l'allemand.

Il est auteur de plusieurs ouvrages publiés en Europe et en Amérique (romans, essais, contes, pièces théâtrales) et de plusieurs concepts tels l'Afrocratisme, la Conscience Africaine, Philocure, Sidarologie, Aboubou musique, Philosophie de l'esprit africain, Paysanocratie, ethnocratie, covidisme, vaccinisme.

Il est également artiste musicien, compositeur, chanteur et guitariste. Il vit aux Etats-Unis d'Amérique.

www.ingramcontent.com/pod-product-compliance
Lightning Source LLC
LaVergne TN
LVHW040200080526
838202LV00042B/3250